더 버는 내가 되는 법

더 버는 내가 되는 법

2022년 5월 19일 초판 1쇄 발행

지은이 김짠부(김지은)

펴낸이 김은경
책임편집 이은규
편집 권정희, 강현호
마케팅 박선영
디자인 김경미
경영지원 이연정

펴낸곳 ㈜북스톤
주소 서울특별시 성동구 연무장7길 11, 8층
대표전화 02-6463-7000
팩스 02-6499-1706
이메일 info@book-stone.co.kr
출판등록 2015년 1월 2일 제2018-000078호

ISBN 979-11-91211-66-5   (03190)

북스톤은 세상에 오래 남는 책을 만들고자 합니다. 이에 동참을 원하는 독자 여러분의 아이디어와 원고를 기다리고 있습니다. 책으로 엮기를 원하는 기획이나 원고가 있으신 분은 연락처와 함께 이 메일 info@book-stone.co.kr로 보내주세요. 돌에 새기듯, 오래 남는 지혜를 전하는 데 힘쓰겠습니다.

더 버는 내가 되는 법

인싸도 아싸도 아닌
그럴싸의 경제적 자유

김짠부(김지은) 지음

넉스톤

경제적 자유

_자기 마음대로 경제 생활을 계획하고 실행할 수 있는 자유

구독자수 1000명만!
회사 없이 한 달에 월급만큼만!
오순도순 살 수 있는 내 집 한 채만!
투자를 위한 시드머니 1억만!

'덜 쓰기'를 할 때는
딱 그만큼만 바라는 줄 알았다.

구독자수 50만은 언제?

안정적이고 일정한 수익은?

유튜브는 본업이고 파이프라인은?

저 사람은 저러는데 나는 왜?

'더 벌기'를 하며 마주하는 이 모든 것은

내가 몰랐던 내 욕심인 줄만 알았다.

더더 벌면 되겠지?

나이가 들면 의연해지겠지?

탄탄한 포트폴리오를 갖추면 되겠지?

진짜 내 사람들만 곁에 두면 되겠지?

욕심을 채우면, 내려놓으면 끝나는 일일까.
그게 가능하긴 한지, 꼭 그래야만 하는 건지.

티끌 모아 흙무더기만큼의 행복도 소중하지만
태산 같은 행복을 누리는 게 욕심이라면
그럼 나는 언제 행복할 수 있어?

돈을 생각한다는 건 나를 생각하는 일이다.
덜 쓰며 내 욕망의 깊이를 들여다봤다면
더 벌며 내 행복의 크기를 가늠할 수 있지 않을까.

덜 쓰며 경제적 에어백을 갖추었다면

더 벌며 경제적 자유의 길을 만들어야 한다.

자유에는 책임이 따르는 법이라면

다른 무엇도 아닌 내 삶을 오롯이 책임지고 싶다.

나를 잘 알고 잘 쓰며 마음껏 행복할 것,
그것이 내가 생각하는 경제적 자유다.

덜 쓰기와 더 벌기,
그 사이 어디쯤에 있는 사람에게

○

'덜 쓰고 더 벌자', 유튜브 채널 '김짠부 재테크'의 슬로건입니다.
덜 쓰는 일(짠테크)로 더 버는 일(유튜브)을 하며 더욱더 벌려는
김짠부를 신기하게 보다가 비결(?!)을 알고 싶어 하는 사람이
늘었습니다. 그런 시선을 받을 때마다 저는 왜 제가 40만
유튜버인지 진짜 의아하고 신기합니다. 겸손한 게 아니라 정말
궁금합니다. 다른 재테크 유튜버들이 '김짠부가 왜 40만이냐,
어이없다'고 해도 이해할 수 있을 정도입니다.

이름부터 생긴 것까지 눈에 띄는 것 없이 모든 게 평범하고,
자신감 혹은 얼굴에 철판을 깔기는커녕 매일 겸손과 쭈굴
그 중간 어디쯤을 떠도는 게, 말 그대로 인싸도 아싸도 아닌
그럴싸한 사람이거든요.

그럴싸. 인싸와 아싸보다 더 많을 텐데, 인싸와 아싸보다 더
보이지 않는 그들은 어디에 있는지 궁금했던 적이 있습니다.
멀리 갈 필요 없이 제 곁에 있더군요. '부캐는커녕 본캐도 없어'
'지금 회사 일도 잘 못하는데 그것까지 어떻게 해' '자신이 없어'
'사람들이 욕할까 봐 무서워' 등 나름의 이유로 재능을 썩히는

친구들이 안타까웠습니다. 한 술 더 떠 '나는 평범해서
사람들에게 특별히 전할 이야기가 없어'라고 하는 친구에게
저는 그럴싸의 대표(?!) 자격으로 등짝 스매싱 날리며
짠소리했습니다. 재능, 꿈, 도전, 희망 등 '청춘'을 들먹이며
뜬구름 잡는 이야기는 아니었습니다. 지극히 현실적인 돈
이야기거든요.

덜 쓰기에서 더 벌기로 넘어가면서 그럴싸한 나는 도대체
무엇으로 더 벌어야 하는지 고민했습니다. 남들처럼 재테크나
투자를 하고 있긴 하지만 뭔가 부족했거든요. 한 사람의 소득은
근로소득, 사업소득, 자산소득 순으로 이어지며 증가한다더군요.
근로소득에서 자산소득으로 넘어가는 건 정말 어려운 일이라고
합니다. 말 그대로 자산소득은 부동산이나 투자금 등 자산이
있어야 합니다. 자산이 크지 않으면 자산소득을 얻는 데 한계가
있고요. 제가 할 수 있는 건 사업소득의 '사업'까진 아니고
몸값을 높여야 한다 정도뿐이더라고요.

사실 이미 많은 사람이 알고 있습니다. 몸값 높이는 일이요.
N잡, 파이프라인, 사이드잡, 개별 프로젝트 등 다양한 이름으로
불리고 있죠. 하지만 하는 사람, 안 하는 사람, 지속하는 사람,

지지부진한 사람, 성공하는 사람은 따로 있습니다.

여러 방법을 시도했지만 진행이 더디고, 수익도 그저 그런 것 같고, 괜히 지치기만 한다면 방법이 잘못된 걸까요? 그건 아닐 겁니다. 똑같은 방법도 실행하다 보면 결국 다 달라져야 하더라고요. 우리가 다 다른 것처럼요.

객관적으로 김짠부도 막 성공한 건 아니죠. 저도 앞에 말한 사람들 중 누군가에 해당했고, 지금도 그러하며 앞으로도 그럴 것이라고 장담합니다. 1억, 내 집 마련, 45만 구독자만 보면 누군가는 '뭐야, 탄탄대로 아니야?' 할 수 있지만 그보다 몇 배나 큰 시행착오가 있었습니다. 그때는 맞았던 게 지금은 틀리기도 하고, 그때는 틀렸다고 생각했던 게 지금은 맞기도 하고, 비슷한 듯하지만 달라져 있기도 합니다. 사람이 하는 일이니 어쩔 수 없다고 생각하면서도 마음고생, 번아웃, 자아 분열 등을 겪은 시간에 다른 걸 할 수 있었다면 얼마나 좋았을까요. 다행인 건 이제는 시행착오를 다시 마주하지 않을 자신이 있다는 겁니다. 물론 어찌될 지 모르는 게 사람 일이지만 적어도 '나'라는 사람 때문에 그럴 일은 없을 겁니다. 지금 나 자신을 잘 알고 있고, 변할 수 있을지언정 흔들리진 않을 것임을 알기

때문입니다. 돈 덕분이기도 하고 돈 때문이기도 한 그 과정을
여기에 이야기합니다.

냉정하지만 삶도 욕망, 공급, 수요, 교환의 경제 논리로
돌아간다는 이야기이기도 합니다. 자본주의를 살아가니
당연한 말이기도 하죠. 우선 진짜 욕망을 깨닫는
좌충우돌기를 담았습니다. 제가 아직 부자는 아니지만
부자가 되는 방법은 명확합니다. 덜 쓰고 더 벌면 되죠. 근데
아시죠. 이 단순한 한 문장에 울고불고 웃고 좌절하고 외롭고
짜증내기 무한 반복. 더 벌고 싶은 욕망 자체는 죄가 없어요.
다만 아무 생각 없이 돈 쓰는 게 죄인 것처럼, 나 스스로
설명하지 못하는 욕망은 죄더라고요. 자신을 들여다보고 진짜
욕망을 찾는 데 참고하면 좋겠습니다.
덜 쓰기를 넘어 더 벌기 단계로 나아가며 많은 것을 보고 듣고
배웠습니다. 가장 큰 건 '거절할 수 있는 용기'였고요. 오는 사람
안 막고 가는 사람 붙잡으며(?!) 일했더니 월화수목금금금…
저에겐 절대 오지 않을 것 같았던 번아웃이 오더군요. 아무리
돈도 돈이지만(진심입니다) 나부터 잘 살아야겠다 생각하며

누구와 얼마나 어떻게 일할지 저 나름의 기준을 세웠습니다.
그러고 나서야 알게 된 것도 있습니다. '나를 안다'는 건 나 혼자
하는 일이 아니더라고요. 사람들과 주고받으면서 나에 대해 좀
더 알아가기도 하고, 나는 이런 사람이 되고 싶다고
이야기하면서 나를 만들어가는 일이라는 것을요.

'돈 공부'를 해본 적 없던 우리가 이젠 당연하게 돈 공부하듯,
'나 공부'도 마찬가지입니다. 이미 그런 시대가 훌쩍 와 있는데
아직도 이런저런 이유를 대며 망설이고 있는 분들도 막연하게
어렵다고 생각할 필요 없습니다. 돈 모으는 데 단계가 있듯 나를
아는 데도 단계가 있습니다. 돈 목표처럼 나 목표를 세우고
차근차근 이루면 됩니다.

'짠테크 하다 보니 친구들을 못 만나요' '인간관계가 정리됐어요'
'외로워요'는 우리가 덜 쓰며 흔히 한 고민이죠. 부자가 될
예정이니(?!) 부자의 고민도 상상해봤는데 '믿을 사람이 없다' '돈
보고 내 옆에 있는 것 같다' '외롭다' 정도이지 않을까요.

돈이 없는 사람은 없는 대로 있는 사람은 있는 대로 고민인
셈인데, 해결 방법은 하나더라고요. 어떤 상황에서나 나다울 것.
이건 돈을 아낄 때도 더 벌 때도 더더 벌 때도, 행복할 수 있는

방법이기도 합니다.

흔히 돈이 행복의 전부는 아니라고 하죠. 돈이 일부라면 돈을 뺀 나머지는 뭘까요. 저는 '나다움'이라고 믿습니다. 그냥 부자 말고 ○○한 부자, ◇◇스러운 부자, □□한 부자 등 '부자'라는 말 앞에 나다운 수식어를 붙여 봅시다. 행복하자고 시작한 일인데 행복을 잊으면 안 되니까요.

덜 쓰기와 더 벌기 그 중간 어디쯤에서 '나다워서 행복한' 부자가 되고 싶은 사람 곁에 늘 이 책이 있길 바랍니다.

차례

프롤로그 | 딜 쓰기와 더 벌기, 그 사이 어디쯤에 있는 사람에게 · 14

Part 1 돈 공부처럼 나 공부도 배워야 한다

욕망

돈 못 모은다는 ENFP 중 제일 잘 모으는 사람 · 27

원숭이는 나무 위에서 바다를 사랑한다 · 36

괜히 힘빼지 말고 '응, 맞아' 한다 · 46

내 불안을 시각화하면 된다 · 54

내 세계는 더 넓어질 것이다 · 64

Part 2

티끌을 다뤄본 나여야 태산을 다룰 수 있다

공급

'제대로'보다 '일단' 하려고 한다 · 75

하고 싶은 것을 할 수 있다고 착각하지 않는다 · 84

파이프라인에 실패할 권리 · 95

정신승리와 나를 위한 선택은 다르다 · 104

Part 3

상대방은 나 하기 나름이다

공급과 수요

사람을 미워하기 쉬운 시대에 사람 대하는 법 · 113

좋은 경험과 그냥 소비를 구분하는 법 · 121

'나대다'의 아주 순한 맛과 매운 맛 버전 · 129

내 세계는 아직도 작다 · 137

수요

내가 줄 수 있는 것부터 생각한다 · 147

회사의 체계에 리듬을 부여하는 사람 · 155

MBTI 극P가 계획적으로 일하는 법 · 162

잘나가기보단 나답고 싶어서, 하지 않을 용기 · 168

Part 5 내가 멀리 가고 싶어서 함께 간다

교환

경쟁 유튜버들이 많아졌으면 좋겠다 · 179

나는 누군가의 좋은 운이 되고 싶다 · 188

워라밸보다 좋아하는 일들의 균형을 맞춘다 · 194

당신은 나의 에너지충전소다 · 200

나여서 할 수 있는 말은 언제나 꼭 있다 · 206

더 버는 김짠부의 비공개 포스팅_

경제적 자유로 향하는 열 개의 질문 · 214

Part 1.

돈 공부처럼
나 공부도 배워야 한다

_ 욕망

자긍심 :

스스로에게 긍지를 가지는 마음

●
●
●

자본주의 사회에서 돈 공부가 필수이듯
자신의 이야기로 더 벌 수 있는 시대에 나 공부도 필수다.
해야 한다는 것도 가르쳐준 사람도 없었지만, 괜찮다.
지금 나로부터 시작하면 된다.

돈 못 모은다는
ENFP 중
제일 잘 모으는 사람

○

인싸 중에 아싸, 아싸 중에 인싸.

나보다 텐션 높은 사람들 앞에선 세상 제일가는 쭈구리인

나를 MBTI는 저렇게 정리해줬다. 온라인에서 재미 삼아 하는

MBTI는 정확하지 않다고 하지만 ENFP라고 확신한다.

ENFP를 설명하는 한 줄 한 줄이 김짠부 그 자체이기 때문이다.

디자이너, 유튜버, 싱어송라이터, PD, 연예인 등 ENFP에게

추천하는 직업만 봐도 나다. 한때 방송국 뉴스 PD였고 지금은

유튜버인 나는 알고 보니 한결같은 사람이었던 셈이다.

혈액형으로 성격을 가늠하는 게 대세였을 때 'A형은
소심하다'는 말에 더 쭈굴거렸던 트리플 A형의 지난날은 안녕.
다양한 단어와 문장으로 나를 설명해주는 MBTI에 과몰입하기
시작했다. 유튜버들이 올려준 ENFP를 위한 플레이리스트를
듣기도 하고, '강유미 좋아서 하는 채널'의 ENFP 편을 보며
나를 관찰했다. '에익쿠' 채널에서는 각 MBTI별 행동과 매력을
찾아봤다. 평소와 다르게 집에만 있고 싶은 날이 이어지면
'혹시 나, E가 아니라 I인가?', 갑자기 계획이 착착착 떠올라
안 하던 투두리스트를 작성하는 날이면 '나 J인가?' 하고 다시
MBTI 검사를 할 때도 있다. 그럼에도 결과는 여전히 ENFP.

막연하게 우왕좌왕하며
나답지 않은 날이었다고 자책하는 대신
기분 탓이었던 걸로 여기고 의연하게 넘어가는 날이 늘었다.

내 채널에서 ENFP라고 말할 때마다 '짠부 님은 정말 ENFP의
희망이다' 혹은 '어떻게 ENFP가 돈을 모을 수 있지?' 등
ENFP를 언급하는 댓글이 많이 달린다. ENFP는 MBTI의 여러
유형 중에서도 돈을 못 모으는 유형 상위권에 늘 있기 때문이다.
당연하다. ENFP는 '재기발랄한 활동가'다. '인간 리트리버'라
불릴 만큼 사람 좋아하고, 하고 싶은, 되고 싶은, 경험하고 싶은
것이 많은 ENFP가 사람들 사이에서 눈치도 보면서
무계획적으로 직진하다 보면… 돈은 언제 모아?
내 욜로족 시절이 딱 그랬다. 한 주에 술 약속이 서너 개, 지출
카테고리 상위권에는 선물이 늘 빠지지 않았다. 유튜브 채널에
매달 '가계부 언박싱' 영상을 올리면 '김짠부 이제 안
아끼네'라는 댓글이 달릴 정도로 점점 지출 총액이 커질 때도,
지출 대부분은 사람들을 위한 선물 비용이었다. 선물 비용을
줄여보기도 했지만 줄인 양의 몇 배로 우울했다. 프리랜서가 된
후에도 내게 쓰는 비용은 쉽게 줄일 수 있었지만 선물 비용은
점점 더 늘었다.

그런 재기발랄한 활동가가 돈을 모을 수 있었던 비결은 사실

재기발랄한 활동가다웠기 때문이다. 나도 처음부터 '나다운 재테크'를 하겠다고 다짐한 건 아니었다. 다만 내가 확신한 게 있었다. 내게서 '재미'와 '사람'을 빼면 그건 김짠부가 아니라 시체라고. 나는 무슨 일을 하든 무조건 재미있어야 했다.

ENFP에게 신용카드 자르기보다 더 중요한 건 활동에 도움이 되는 카드 혜택을 관리하는 일이다. 계획형 J가 아닌 무계획형 P, 그중에서도 초무계획형 P라고 장담하는 나는 재밌게 게임하듯이 카드를 썼다. 게임할 때 이 능력치와 저 능력치를 번갈아 쓰고 다른 능력치를 찾아 헤매는 것처럼 A카드의 혜택을 다 쓰면 B카드를 쓰고, 그것마저 다 쓰면 비장의 무기 C카드를 꺼내는 식이다.

이런 식으로 절약하고 매해 저축률을 엑셀에 적고 달성하는 모습을 보며 '뭐야, 짠부 님 P 아니네' 하며 나의 정체성을 의심하는 사람도 있었다. 저기, 잠깐 제 말 좀 들어보세요. 난 2년째 미라클 모닝에 실패하는 미라클 오전러이며, 통장 잔고에 0이 늘어날 때 말고는 숫자만 봐도 머리가 아픈 사람이다. '서른 살 이전에 1억 모으기'라는 재무 목표보다 더 앞섰던 것은 사랑하는 사람과 언제든 여행 다니는 삶, 가격 고민 없이

이것저것 다 선물할 수 있는 삶, 나의 드림 카인 지바겐을
몰고 드라이브하는 내 모습을 상상하는 일이었다. 드림 카를
운전하는 내가 어디에 가서 무엇을 먹고, 입고, 보고, 읽고,
듣는지 등을 아주 세세하게 상상하는 일이 재밌었다. 재밌다
보니 계속 상상하고, 상상이 현실로 된다고 생각하니 가슴이
뛰고, 가슴 뛰는 목표가 정해지자 미친 듯이 돌진하는 행동파,
활동가로서의 삶이 시작됐다.

재테크하는 사람이라면 누구나
재무 목표를 세워야 하는 것처럼
덜 쓰고 더 벌며 자신의 삶을 사는 사람 모두는
하나의 숫자 그 이상을 상상해야 한다.

남들이 좋다는 것 다 따라 사느라 바쁜 욜로족처럼
더 벌려는 사람들도 괜히 하는 것 없이 바쁘게 느껴질 때가
있다. 이래야 한다, 저래야 한다, 그래선 안 된다 등 남들이
시키는 거 따라 하느라고 말이다. 한때 욜로족이었고 남들의
조언을 무시할 수 없는 유튜버로서 이리저리 휘둘려본바,¹ 나와
같은 동지들에게 말한다. 어차피 계획 세워봤자 우리에겐 의미
없다고. 그 시간에 내 야망이 뭔지 들여다보고 지금 보이는 것
하나라도 더 해보는 게 낫다고 말이다.

나와 다른 동지들에게도 말한다. 계획만 세우고 시작하지
못하고 있다면 자신이 원하는 모습을 상상해보라고. 상상 속
자신은 무엇을 먹고, 입고, 보고, 읽고, 듣고, 어디에 가는지 등
아주 세세하게 상상하다 보면 우선순위가 명확해지고 지금 뭘
해야 할지 알 수 있다.

핵심은 계획하지 않는 이도, 계획하는 이도 자신을 부정하지
않아야 한다는 사실이다. 재기발랄한 활동가가 재기발랄하지도
않고 활동도 못하면 돈 모으고 버는 것이 가능하지도 않고,
의미도 없으니 말이다.

덜 쓰는 일이

무분별한 욕망을 덜어내는 일이었다면

더 버는 일은

돈과 관련된 모든 일에 나를 얼마만큼

더하는지에 관한 이야기다.

부모님과 이런 이야기를 한 적 있다. 예전에 세탁기를 살 때는 백색 아니면 검은색, 색만 고르면 끝이었는데 요즘에는 세탁기, 건조기, 스타일러나 에어드레서 같은 의류관리기까지 살지 말지, 왜 사야 하는지, 다양한 색까지 골라야 한다고 말이다. 옛날에는 내가 흰색을 좋아하는지 검은색을 좋아하는지 정도만 알면 끝이었는데, 요즘은 더 속속들이 알아야 한다는 의미다. 같은 흰색이라도 펄이 들어간 게 좋은지 매트한 느낌이 좋은지, 건조기 때문에 옷이 망가진다면 어느 정도까지 용인할 수 있는지, 건조기 없이 빨래를 널고 개는 수고로움을 감수하면서 의류관리기 정도로 만족할지. 다 필요 없고! 빨랫감을 가져가고 세탁해 갖다주는 서비스를 이용할지 등등 말이다. 가전제품 하나 사는 일에 가전의 영역을 벗어나는 옵션, 나로 채워야 하는 옵션이 생기는 세상이다. 그 옵션을 잘 활용해 절약한 돈, 시간, 에너지는 더 버는 일과도 연결된다. 평소에 나를 잘 알고 탐구하고 가꾸는 태도가 중요한 이유다.

어렵고 진지하게 시작할 필요도 없다. 소비에 많은 선택지가 있듯 나에 대해 생각해볼 수 있는 많은 말들이 있다. 당장

MBTI 하나만 해봐도 나를 설명하는 말이 한가득이다. 한 문장 한 문장 읽어보며 '맞아, 완전 나지' '그런 적 있는 것 같아' 하거나 친구들과 함께 보면서 '너 그렇잖아, 나는 이렇고' 하며 깔깔 웃기부터 하면 된다. 사실 이런 거 보면서 맞다고 공감하며 좋아하는 것마저 너무 ENFP스러운 반응이지만… 혹시 '아닌데?!'라는 생각이 든다면 '아닌데? 나는 이렇거든!' 하고 반박하며 왜 아닌지 박박 우기는 것부터 하면 된다. 어제와 오늘의 결과가 다르더라도 이런 면도 있네, 저런 면도 있네 하면 된다. 재미일 뿐이니까. (하지만 조금 진심을 곁들인.)

원숭이는
나무 위에서
바다를 사랑한다

○

MBTI를 통해 재미있게 시작했으면
이젠 좀 더 진지한 자세로 임해야 하는 게
나를 아는 일이다.

나를 모르면 나를 미워하는 데
너무 많은 시간을 쓰기 때문이다.

정신 산만함, 생각 많음, 감정 기복 심함, 계획 세웠다가 하려고만 하면 바로 싫증 냄, 우유부단, 꽂히는 건 해야 직성이 풀리는 고집. ENFP의 단점이라고 한다…. 맞습니다, 너무 맞는 말이라서 반박하지 않겠습니다. 하지만 인정했다고 해서 편해지는 건 아니다. ENFP의 단점 그대로 행동하며 나도 내게 지칠 때는 죄 없는 MBTI에 죽자고 달려드는 대신 '강점 검사' 결과를 다시 들여다본다. ENFP의 단점은 강점검사 결과 '공감력 지수 최고'의 다른 말이기 때문이다.

강점검사를 알게 된 건 운명이자 우연이었다. 꽂히는 건 해야 직성이 풀리는 ENFP의 운명과, 때마침 콘텐츠마케팅과 브랜딩을 가르쳐주는 스톤에디터스쿨 모집 공고가 올라온 덕분이다. 수강 대상에 '글쓰기에 자신 있는 사람'이라고 적힌 것을 보곤 '난 그렇지 않은데' 쭈글거렸다가 바닥을 치고 올라온 기분 덕분에 '기획력으로 밀고 가지, 뭐' 하고는 프로그램에 지원했다. 그 합격 혜택으로 무료로 강점검사를 해볼 수 있었다. 강점검사Strengths Finder는 미국의 설문조사 업체인 갤럽프레스가 만들었다. 이 검사의 목적은 글자 그대로 개인의 재능과 강점을 발견하는 것. 40년간 1000만 명을 인터뷰해서 인간의 재능을 34가지 유형으로 구분해놨다. 많은 데이터를 기반으로 하기 때문에 상당히 권위 있다고 하는데…. 성격검사 좋아하는 ENFP로서 그냥 지나칠 수 없었다. 갤럽 강점검사 홈페이지에 들어가면 높은 강점 순대로 다섯 개를 볼 수 있는 검사(2만 원 후반대)와 34개에 대한 설명을 다 볼 수 있는 검사(6만 원 후반대)를 선택할 수 있는데, 무료로 해보고 감명받아 내 돈 주고 또 해보고, 너무 재미있어서 강점코치 전문가 과정까지 들었다면 얼마나 진심인지 아시겠죠.

나의 강점 1위는 '공감'이다. 스톤브랜드커뮤니케이션즈 박상훈 대표님은 이 결과를 보고 말씀하셨다. "공감 테마가 높은 사람은 옆에 누가 있느냐가 중요해요. 그 사람의 모든 것을 흡수하거든. 좋은 것이든, 나쁜 것이든." 이 말을 듣고 난 다시 태어났다, 응애. 그간 왜 이리 줏대 없이 남의 말과 기분에 휘둘리냐고, 그러고 나선 남 탓하는 거냐며 눈물짓던 날들을 이해할 수 있었다. 자신을 바꾸는 수많은 방법 중 '주변 환경을 바꾸라'는 말에 가장 깊이 감명받고 효과를 얻었으며 적극적으로 권하는 것도 공감 잘하는 강점과 사람 좋아하는

인간 리트리버 ENFP가 합쳐진 결과다. 욜로족 부족원들을
매몰차게 끊어냈던 것은 그들이 나빠서가 아니었다. 그들과
함께 있으면 즐겁고 시간 가는 줄 몰랐다. 하지만 그 장점만
받아들이기에는 내 공감 그릇이 너무 커서 단점까지
다 흡수한다는 게 문제였다. 술 마시고 놀기 좋아하는 사람들
사이에 있던 욜로족 때도, 재테크와 자기계발을 하는 사람들
사이에 있던 짠테커 때도 나는 지극히 나다웠다. 주변 사람의
장점과 단점을 모두 다 흡수하면서 그들과 비슷한 모습으로
변했으니까.

나의 강점, 나를 아는 게
중요한 이유는
아는 만큼 시행착오를
덜 수 있기 때문이다.

내가 코끼리인지 기린인지 원숭이인지
물고기인지를 알아야 한다. 원숭이가 물고기를
보면서 '왜 난 헤엄을 못 치지?' 하며 자신을 미워
한다면 우리는 십중팔구 이상하게 여길 것이다.
하지만 대부분의 사람은 자신이 그러고 있다는
사실을 잘 모른다. 물고기처럼 헤엄치고 싶은
원숭이처럼 남들을 보며 나는 왜 이걸 못하지,
남들은 저렇게 잘하는데 난 왜 시작도 못하냐며
자신을 나무란다.
가장 높은 나무에 올라 드넓은 바다를 바라보는 게
바다를 사랑하는 또 하나의 방법인 줄도 모르고
말이다.

나 역시 못하는 나를 나무라느라 너무 많은 시간을 썼다.
다행인 것은 이제라도 알아서 다른 사람이 시행착오를 덜 겪게
맘껏 짠소리할 수 있다는 사실이다. 말 나온 김에 짠소리를
더하자면 속마음은 그렇지 않지만 겉으론 공감하는 척하거나,
공감하지 않는데도 다수나 환경에 쉽게 휩쓸리는 그런
느낌적인 느낌을 갖고 있는 사람이라면 꼭 해보길 바란다. 주변
환경을 바꾸는 일 말이다.

주변을 바꾸라는 말이 너무 거창하고 어렵게 느껴진다면, 지금
당장 실천할 수 있는 가성비 넘치는 방법이 하나 있다. 가장
시간을 많이 쓰는 것을 적어보고 그 일의 내용부터 바꾸면
된다. 나의 경우, 유튜브와 인스타그램 등 휴대폰 사용 시간이
가장 많았다. 공동 구매, 패션, 뷰티 쪽에 집중되어 있던 것을
재테크를 시작하면서 재테크 관련 채널로, 프리랜서를
선언했을 땐 1인 기업, 퍼스널 브랜딩, 마케팅 등 프리랜서에게
도움이 될 만한 채널을 팔로우하며 내용을 바꿨다. 나는 어떤
모습으로 일하며 살고 싶은지 적어보고 각 분야마다 그
모습대로 살고 있는 분들을 찾아다녔다.

보는 게 달라지면
마인드도 변하면서 행동이 바뀐다.

가장 신기하고 의외이며 놀라웠던 변화는 내가 내 돈으로 책을
사는 일이었다. 스물여섯 살이 될 때까지 내 돈으로 책을 사본
경험이… 인간적으로 세 번은 있길 바라지만 솔직하게 말하자면
기억나지 않는다. 그랬던 사람이 온라인 속 성공한 사람이
추천하는 책을 읽다가, 서점도 가보고, 간 김에 이것저것 보다가
알아서 책을 사고 읽는 습관을 들이기까지 많은 의지가
필요하지 않았다. 자연스럽게 되었을 뿐.
대부분 성공한 사람들은 살면서 크고 작은 문제를 마주할 때면
책에서 답을 찾는다고 말한다. 너무 뻔한 말이어서 '저 말을
누가 못하냐?' 하지만, 이런 말 하는 사람치고 책 읽는 사람
못 봤다.

내가 행동하지 않으면 내가 아는 것이 아니다.
행동으로 옮긴 것만이 아는 것이고
아는 만큼 성공할 수 있다.

나도 내 문제를 해결하고 싶다는 생각으로 책을 읽었다. 안 읽힐 때는 인간 리트리버의 성격을 십분 발휘해 저자가 내 앞에서 강의한다, 지금 내게 말하고 있다고 상상하며 읽었다. 실제 그 저자에게 있을 에너지를 책에서라도 느끼고 싶었다. 마음 같아선 좋아하는 책의 저자를 직접 만나고 싶지만 시간도, 돈도 없다. 물론 저자에게 시간이, 내겐 돈이 없다는 의미다. 몸도 하나고 시간과 에너지도 한정된 사람을 만나는 것이나 다양한 소식을 찾아보는 데에는 한계가 있기 마련이지만, 책과 SNS는 그 한계를 뛰어넘는다. 김짠부와는 다르게 사람 만나기가 힘든 사람은 책과 SNS를 적극 이용하는 게 낫다.

인생이 바뀌는 두 가지 신호가 있다고 한다.

만나는 사람이 달라지거나

읽는 책이 달라지거나.

어떤 방법이든 자신의 강점을 극대화하는 방향이어야 한다. 약점을 고치기 위해 아등바등하다 오는 자책과 자기혐오, 언제 사라질지 모르는 의지, 한번씩 찾아오는 자기의심, 나를 위한 선택인 척하는 정신승리나 합리화와 싸우지 않고도 이길 수 있다. 나와 싸우지 말자. 나도 몰랐던 나를 발견하고 놀라고 행복하기에도 시간은 부족하니까.

사람이든 기업이든 대부분이 자신의 약점을 보완하기 위해 많은 애를 쓴다. 오직 극소수의 사람만이 자신의 강점을 더 강화하려고 노력한다. 그 결과 대다수 사람은 더욱 평준화되고, 극소수 사람은 더욱 차별화된 능력을 갖추게 된다.

_김도윤 《럭키》(북로망스, 2021)

괜히
힘빼지 말고
'응, 맞아' 한다

○

자신의 강점을 알고 활용하는 건 정말 어려운 일이다. 유료
강점검사가 도와줄 수는 있지만 자신이 깨닫지 못하면 그냥
종이 조각, 온라인에서 재미 삼아 하는 심리테스트일 뿐이다. 숨
쉬는 것을 의식하지 않듯이 강점도 의식하기 어렵기 때문이다.
하지만 숨 쉬는 것만 잘해도 건강해진다는 것처럼 강점을 알고
활용하면 그것만큼 쉽고 간단하며 확실한 성공법도 없다.

자신의 강점을 깨닫기 위해서
아침저녁으로 숨 쉬듯 해야 하는 말이 있다.
"응, 맞아."
"네, 맞아요."

'뭘 잘하는지 모르겠어요' '뭘 할 수 있을까요' 묻는 사람치고
정말 잘하는 것 없는 사람, 할 수 있는 것 없는 사람 못 봤다.
그런 그들에게 보이는 그대로 이렇다 저렇다 적극적으로
말해주는 편인데, 늘 저항에 부딪힌다. '어우, 아니에요. 저보다
잘하는 사람 훨씬 많아요' 하며 손사래치는 사람이 많기
때문이다. 질 수 없는(?!) 난 좀 더 강력하게 그 사람의 강점을
이야기하는데, 결국 내가 진다.
자신에 대한 칭찬이라면 뼛속까지 겸손함으로 채워 사양하는
태도는 순한맛 버전이고, 나는 내가 가장 잘 안다며 상대방이
건넨 조언, 격려, 위로를 '네가 뭔데'로 대응하는 매운맛 버전도
있다. 어떤 버전의 사람이든 '안 그래도 어려운 일 더 어렵게
만드는 거 아닐까' 하는 마음에 간절히 명령을 청해본다.
누군가가 칭찬해주면 '응, 맞아' '네, 맞아요'로 대답해보자.

고백하자면 K-유교인으로서 나도 매우 겸손하다. '유튜브 올리는 것도 바쁠 텐데, 어쩜 그리 사람도 많이 만나고, 만나서 이런저런 일도 하고, 그 와중에 알뜰하기도 하네요' 등의 칭찬을 받으면 '아니에요'라고 답한다. 매일 습관처럼 하는 행동일 뿐인데, 전문가도 아니고 할 수 있는 만큼 그날그날 해내는 일을 칭찬받는 건 머쓱하다. 칭찬을 건네는 상대방도 K-유교인인 만큼 의례적으로 한 말일 거라는 생각, 가볍게 한 말인데 진지하게 받아들이지 말자는 마음도 든다. 정도는 다르지만 조금이라도 그 마음을 갖고 있다면, 듣는 사람 입장에서 말고 말하는 사람 입장에서 생각해보자.

자신이 하고 있지 않은 일은 눈에 띄는 법이다.
의례적으로 말했다 하더라도 눈에 가장 띄는 걸
말한다. 내 모습에서 가장 많이 차지하고 있는 것,
너무 당연하고 자연스러워서 내가 하고 있다는
생각조차 하지 못하는 것 말이다.
그게 가장 나다운 모습이다.
그걸 인정하기만 해도 많은 길이 보인다.

내 유튜브 채널에도 출연한 온슬이라는 친구는 인정을 잘한다. 그를 만나게 된 계기도 나는 못하지만 그는 너무 잘하는 것, 인스타그램에 올린 다이어트 식단 기록이 눈에 띄었기 때문이다. 다이어트를 하면서 매일 아침, 점심, 저녁 식단을 올리다가 이 친구의 계정을 알게 되었다. 식단 사진 올리는 게 별거 아닐 수 있지만 별거인 게, 나는 도중에 그만뒀다. 반복되는 요요에 지쳤다는 핑계를 댈 수 있지만 사실 다이어트보다 그 식단 기록이 정말, 너무 귀찮았다. 대에충 전자레인지에 돌려 먹으면 끝인데 하나하나 예쁘게 담는 게 너무 힘들었다.

반면 그 친구는 귀찮아하지 않고 매일 해냈고, 어느 한 팔로워는 이런 댓글을 달았다. '너 맨날 아침에 예쁘게 차려 먹잖아. 그걸 일로 하면 되겠다.' 그는 '에이, 아니야, 더 예쁘게 차려 먹는 사람 많아' 하는 대신 '응, 맞아. 고마워. 근데 그런 일이 있어?' 하며 푸드 스타일리스트라는 직업을 알게 됐고, 열심히 돈을 모아 푸드 스타일링 학원을 다니기도 했다. 인스타그램 피드로 포트폴리오를 만들어 관련 직종에 입사도 했다. 중간중간 힘든 일도 있었겠지만 복잡다단한 현대 사회에서 이 정도면 일사천리다.

유튜브 영상으로만 김짠부를 본 사람은 나를 엄청 긍정적인
사람으로 여길 것이다. 하지만 사실 많이 울고, 질투하고, 사고
싶은 것도 많으며, 못 사서 짜증 내다가⋯ 결국 김짠부가 된다.
김짠부는 태초부터 긍정적인 사람이라기보다는 '비관적으로
시작해서 과정을 긍정적으로 만드는 사람'에 가깝다.

강의할 때나 일부 영상에서도 나는 이렇게 말한다. '지금 미래
준비 안 하면 답 없어요, 노후 준비되어 있으세요?' 밝게
이야기해서 눈치 못 채는 분들이 많은 것 같지만 현실 비관적인
이야기로 시작한다. 비관적이어야만 충격을 받고 움직인다는
믿음도 있었고, 강연을 나가면 일평생 정신승리만 해온 사람이
꼭 있어서 그걸 깨기 위해 비관적으로 말했다. 그러다 반박을
가장한 공격을 당하고, 더 센 말을 하고, 집에 와서 후회하며
비관적인 생각에 빠져들기 수차례. 그냥 우리 다 같이
긍정적으로 하면 안 될까요. 복잡다단한 현대 사회에서 감정
소비 없는 일사천리에는 긍정이 최고던데요.

재테크 시작은 비관적이더라도

과정은 긍정적이어야 한다.

과정마저 비관적이면 학을 떼게 된다고

누군가 말했다. (네, 그게 바로 접니다.)

나다움도 그렇다.

과정은 당연히 긍정적으로

때론 시작도 긍정적으로

그래야 빨리, 쉽게 오래 할 수 있다.

재테크를 시작한 후로는 '돈돈돈 거리지 마라' '돈이 다가 아니다' 같은 말을 싫어했다. '자본주의 사회에서 돈을 터부시 하면 어떻게 해?' 하는 마음에서였다. 지금은 '그러면 안 돼!'라는 부정 한 스푼 덜고 긍정 한 스푼 넣어 '돈 이야기 밝게 하는 사람'으로서 그 말을 다시 생각한다. 돈으로'만' 채우지 말라는 의미라고 말이다. 일을 할지 말지 정하는 기준, 성취감과 뿌듯함의 원천, 궁극적으로 '왜 일을 하는가'에 대한 자신만의 정의도 채워야 한다. 자본주의 사회에서는 나의 행복을 위해 일하다가도 어느새 모든 일을 숫자로 환산하기 쉽다, 그럴 때마다 '그놈의 돈돈돈' 하며 싸울 수도 없는 대상에 화풀이하거나 나를 탓하기보다는, 휘청여도 정신 차린 나를 긍정하는 게 가장 효과적이다.

내가 강연 나가서 만났던 사람들처럼 상대방이 조언, 격려, 잔소리를 건넸을 때 긍정하는 건 어려울 수 있다. 그러니 그보다 쉬운 칭찬의 말에 긍정하는 것부터 해보는 건 어떨까. 사실 상대방에게 칭찬을 건넸는데 '응, 맞아'라는 말을 들으면 조금 놀란다. 이때까지와는 다른 반응이라서, 평소 우리와는 다른 자신감 넘치는 모습이 낯설기 때문이다. 하지만 이내 그 반응에 웃음이 터지며, 알게 된다. '아니야' 하는 것보다 더 멋있다는 걸. 살면서 수많은 말을 들을 텐데 그중에 좋은 것, 자신에게 도움이 되는 것을 낚아채 인생을 일궈나가는 것, 멋진 거 아니면 뭘까.

정말, 죽어도, 너무 부끄러워서, 성격상 '응' 하고 상대방의 칭찬을 받아들이기 힘들다면, 나를 칭찬해준 상대방을 칭찬해보자. '아, 내가 그런가? 너 되게 섬세하다, 관찰력 좋다' 하면서 말이다. 상대방이 칭찬한 내용을 내가 말하며 한 번 더 짚다 보면 내 무의식에 들어가겠지. '아니야'보다는 이게 더 낫다. 이렇게까지 해야 하는 자신감 없는 내 모습도 괜찮다. 자신감 없는 사람도 하루하루 하나하나 쭈글거리면서 그래도 하다 보니 40만 구독자 유튜버가 되더라니까.

내 불안을
시각화하면
된다

○

"이 세상에 안정적인 직업은 없어."

처음 들은 말도 아니었는데 크게 충격 받았던 적이 있다. 여진 님을 만났을 때였다. 그는 연세대 학사, 서울대 석사 및 박사, 노스웨스턴 대학 박사 수료까지 학력으로 '억' 소리 나는 여우마켓의 대표이자 현재는 맘미Momme라는 브랜드를 론칭한 분이다. 안정적인 직장에 갈 수 있는 학력을 뒤로하고 자신이 하고 싶은 일을 선택해 나아가는 분이 한 말이라 그런지, 더 크게 와닿았던 것 같다. 믿고 있던 세계가 흔들리는 기분과 함께

'학력 때문에 일정 수준 이상의 안정적인 직업은 갖지 못할 거야'
라는 자격지심과 싸우고 있었던 것은 아닌지 나를 돌아보게
됐다.

충격은 받았지만 정신은 채 돌아오지 않았는지 우유부단의
화신 김짠부는 그 이후에도 계속 고민했다. '유튜브로 한 달
평균 80만 원은 꾸준히 벌 수 있겠다, 회사에서 2년 동안 함께
으쌰으쌰 했던 팀이 해체됐다, 왕복 출퇴근 네 시간이 너무
아깝고 힘들다' 등 퇴사 사유와 조건은 명확했다. 그만큼 현실도
냉정했다. 고졸 출신이 직장 세계에서 일정 금액 이상의
안정적인 수익을 얻는 게 쉽지 않다는 걸 막 실감하던 참이었다.
돈 대신 하고 싶은 것을 택해 방송국에 들어갔고, '유튜브'라는
더 잘하고 싶은 것을 찾았지만 '안정적인 수익'에 대한 갈망은
여전했다. 여기서 그만두면 더 이상 '안정'을 향한 기회는 오지
않을 것 같았다. 의심과 확신, 내 안의 무언가가 꿈틀거릴 때쯤
평소 즐겨보는 유튜브 채널 '신사임당'에 편집자 구인 공고가
떴다.
하루에 두 시간 이상 신사임당 채널의 인터뷰 영상을 봤던 터라

거기에 나오는 사람들을 실제로 볼 수 있다는 것만으로도
설렜다. 연봉도 내가 받던 것보다 훨씬 높았다. 당시 구독자
4만~5만 명의 내 채널도 운영하고 있었으니 내가 적임자였다.
김칫국 한사발 마시곤 그날 바로 이력서를 제출했다. 재미있는
것에는 푹 빠지고 꽂히면 돌진하는 나답게 이력서를 제출하고
바로 이틀 뒤인 월요일에 출근하자마자 한 달 뒤 퇴사하겠다고
말했다. 근데 웬걸, 아무리 기다려도 심사임당 채널로부터
합격 메일이 오지 않았다.

한순간에 백수가 된 나는 '구독자수 5만 유튜버는 별게
아니구나'라며 놀랐고, '이왕 이렇게 된 거 그냥 유튜브에 집중해
볼까?' 하고 배짱 좋게 선택하기에는 너무 불안했다. 더 높은
연봉, 집에서 가까운 곳, 재미있는 일, 내 유튜브 채널도 하면서
안정적으로 매달 따박따박 받는 월급… 회사 다닐 때보다 더
나은 안정을 얻으려 시도했다 삐끗해놓고는 더더욱 안정에
집착했다. 양심적으로 모든 걸 바랄 수는 없으니 딱 두 가지로
추렸다.
따박따박 들어오는 안정적인 월급, 출퇴근 시간을 유튜브에

쏟아야 하니 집에서 가까울 것. 기업 두세 군데에 서류를
넣어봤지만 연락도 오지 않았다. 집 근처 편의점 아르바이트도
찾아봤지만 빈자리가 없었다. 그 자리가 나길 기다리다 어느
중소기업에 면접을 보러 갔다. 그날 덕분에(?!) 지금까지 구직
사이트를 드나들지 않는다.

그곳은 내가 원하는 조건에 충족하는 곳이었다. 컴퓨터로
일하고 월급 나오고 집에서도 가까웠다. 경기도 용인에서 흔히
볼 수 있는 큰 건물형 중소기업이었다. 입구에 있는 귀여운
강아지를 지나 건물로 들어가서 면접을 보고 나오면서
처음으로 생각했다. 여기서 받는 연봉 2400만 원으로 난 뭘
얻을 수 있을까. 시체처럼 일하는 분위기에서 시체처럼 일하며
2400만 원을 받아야 할까. 전 직장에선 긍정적이고 에너지
넘치고 선배들이랑 재밌게 일했는데, 방송국이 특수한
곳이었던 걸까. 그런 환경이 좋아 찾아가면 결과는 또 뻔했다.
서울로 나와서 그 정도의 연봉과 시간, 딱 그만큼의 안정. 그것이
아니면 이 정도 환경의 중소기업이었다. 막연히 바랐던 '안정'의
모습을 눈으로 보고 나서야 다른 답을 찾기 위해서는 뭔가를
포기해야 한다는 걸 받아들였다.

난 그날 처음으로 '선택'에 대한 '책임'을 깨달았다. 내가
방송국을 선택했다고 생각했지만 애초에 내겐 선택지가
많지 않았다. 지금은 또 다르겠지만 당시만 해도 내 학력과
능력으로 영상 일, 조연출 일을 할 수 있는 곳은 그 방송국
뿐이었다. 다른 곳에서는 나를 뽑아주지도 않았고, 그곳에
입사하는 것 말고는 내가 무엇을 할 수 있을지도 몰랐다.
이런 현실을 회피하고선 선택했다고 착각했다. 다른
곳에서도 나답에 일하며 벌 수 있는데 이곳을 다니는 것과,
이곳밖에 안 돼서 다니는 것은 다르다.

우리는 안다. 능력이든 돈이든 가진 게 많으면
선택지가 더 넓어진다는 것을. 다른 것을 선택할 수
없는 상태인데 '난 지금 안정적이야'라고 생각한다면,
그때가 가장 불안정한 상태다.

자의반 타의반으로 내게 1년의 유예기간을 주기로 하고, 60대의 내가 후회하지 않게, 더 이상 회피하지 않고 내가 선택한 삶을 책임지기로 했다. 그리고 불안정한, 불안한 마음을 받아들이기로 했다.

불안을 받아들이는 건
나를 받아들이는 일이기도 하다.
불안은 각자 고유의 것이기 때문이다.
자라온 환경, 지금 갖고 있는 능력 등
겉으로 보이는 것뿐 아니라
자존심, 자격지심, 자존감, 자신감, 자만감 등
외면하고 있던 내가 뒤엉켜
불쑥 찾아오거나 진화하기도 한다.

매슬로우의 인간 욕구 5단계 이론이 있다. 생리적 욕구, 안전의 욕구, 애정과 소속의 욕구, 존경의 욕구, 자아실현의 욕구 순으로 인간의 욕구가 충족되고, 동기부여를 받아 나아간다는 이론이다. 고백하자면 나는 여전히 제일 하단에 있는 생리적 욕구에서 벗어나지 못하고 있다. 회사 다닐 때보다 지금 더 많이 버는데도 말이다. 이번 달에 이만큼 벌었다고 다음 달에도 그럴 수 있으리라는 보장이 없다는 현실도 문제지만, 내 세계가 더 커져서 오는 불안도 있다. 예를 들면, 나도 그랬듯 직장인 입장에서 월 1000만 원은 꿈의 숫자지만 밖에 나와보니 그걸 목표로 삼는 것 자체를 귀엽게 여기는 사람도 있다. 금액이 적고 귀여워서일 수도 있고, 존경과 자아실현의 욕구를 충족하면 자연히 따라오는 목표인데 그걸 아직 모른다는 걸 귀엽게 보는 걸 수도 있다. 그게 진짜 현실이라고 해도 내 불안을 당장 없앨 수는 없는 노릇이다. 먹고사는 걸 걱정해주시고 뒷바라지해준 부모님, 따박따박 들어오는 월급의 중요성을 설파한 사회 덕분에 내 불안은 뼛속까지 각인되어 있으니까. 거기에 더해져 있던 학력으로 인한 자격지심이 사라진 자리에 또 다른 무언가가 들어올지도 모른다. 그래서… 우선은 그냥 귀엽기로 했다.

생리적 욕구에 관한 불안이 올라올 때면 불안을 시각화하며
달랜다. 한 달에 식비가 얼마나 드는지, 정기적으로 나가야 하는
돈은 얼마인지 실제로 적어본다. 지금의 내가 충분히 감당할 수
있다는 것을 보며 계속 불안의 실체를 마주하는 것이다. '이번
달 얼마 벌었지' '다음 달은 어떻게 하지' 하며 돈에 사로잡혀
있기보다는 '별거 아니네' 하고 더 큰일을 하러 나아갈 수
있도록 말이다. 회사를 다녀도 안 다녀도, 돈을 많이 벌어도
적게 벌어도 불안할 사람은 불안하다. 그때마다 자신이 어떤
부분에서 불안을 느끼는지, 그 막연한 불안을 시각화해
마주하는 일은 자아실현의 욕구를 충족할 때까지 꼭 필요한
것인지도 모른다. 때론 돈보다도 더 말이다.

성공적인 투자에는 대가가 따라붙는다. 그 비용은 달러나 센트가 아니다. 변동성, 공포, 의심, 불확실성, 후회의 형태로 지불해야 한다.

_모건 하우절 《돈의 심리학》(이지연, 인플루엔셜, 2021)

내 세계는
더
넓어질 것이다

○

영화 〈소공녀〉를 보고 '현재를 즐기자 vs 미래를 준비해야 한다'
라는 주제로 무과수 작가님, 관객들과 이야기 나누는 행사에
참석했다. 월세는 못 내도 위스키 한 잔과 담배 한 갑을 사는
주인공 미소를 보며 '직접 만나서 짠소리도 하고 재무 목표를
세워주고 싶다'며 쏘아붙였다. 그의 선택이 답답했다. 현재가
아닌 미래를 아주 조금만 더 생각하면 더 나은 선택을 할 수
있었다. 돈보다 더 중요하다고 느끼는 자신만의 가치를 지키고
싶다면 더더욱 돈에 등 돌리면 안 된다는 걸 더 깨달아야 했다.

'영화일 뿐인데 너무 세게 말했나' 잠시 고민했지만 '재테크 자극 영화'라며 블로그에 포스팅까지 할 정도로, 그게 내 진심이었다. 주인공 미소에겐 섣부르고 소소한 위로 대신 귀에 피가 날 정도의 짠소리가 필요했다. 짠소리 대신 위로만 받았던 과거의 나를 생각하면 더 단호하게 말했어야 했다.

지금과 마찬가지로 과거에도 강점 1위가 공감이었을 나는 힘든 현실에도, 그런 현실을 꿋꿋이 살아가는 청년에게 어른들이 건네는 진심 어린 위로에도 절절히 공감했다. '하고 싶은 거 하세요!' '알 수 없는 내일을 위해 오늘의 아메리카노를 참지 마세요' 등 당시 내 상태를 알 길 없는 어른들이 건넨 '그래도 괜찮다'는 말에 큰 위로를 받았다. 그분들은 그런 뜻으로 한 말이 아닐 텐데 난 그 위로 덕분에 아주 열심히 그날 그날을 살았다. 돈을 펑펑 쓰면서.

욜로족에서 짠테커로 거듭나면서 위로 메시지는 무조건 밀어냈다. 그 위로 때문에 내가 지금껏 자본주의에 눈 감고 살았다는 생각에 억울했다. '저 사람은 위로하면서 돈 벌고, 그 누구보다 열심히 살 텐데! 왜 우리한테 가만히 있어도 괜찮대?'

과거의 나답지 않은, 현실적인 생각도 했다.

더욱이 이제 나는 크리에이터 유튜버다. 그 어떤 말도 콘텐츠로
바꿔낼 수 있다. 즉, 돈을 벌 수 있다. 모든 유튜버가 힘들다며
위로받고자, 받은 위로를 돌려주고자 영상을 찍어 올려도
나는 그래선 안 된다고 생각했다. 짠테크의 목표였던
내 집 마련까지 한 내가 '목표를 이루니 공허하다, 힘들다'고
말했을 때 누군가가 '그래, 재테크를 해도 힘든가 보다. 그럼 그냥
재테크 안 하고 청춘을 즐길래!' 하고 오해할까 봐 걱정했고,
내가 싫어했던 그 사람들처럼 될까 봐 무서웠다. 김짠부다운
모습으로 파이팅 넘치게 텐션 끌어올리라며 더욱 채찍질했다.

영화 〈소공녀〉에 관한 행사 이후 만남을 주도한 무과수
작가님은 대뜸 나를 위로해주고 싶었다고 하셨다. 내 채널의
영상을 쭉 보다가 특히 마지막 가계부 언박싱을 보곤 그런
마음이 드셨다고. 내 영상들 어디에도 '힘들다'는 말이 없었을
텐데 의아했지만 결국 인정할 수밖에 없었다. 위로가
필요한지도 몰랐는데 위로가 필요한 시간이었다는 걸 말이다.
내 집 마련 이후 모두들 축하해주고, 그다음에 뭐 할 거냐는

질문을 많이 했다. 그렇게 물어봐주는 사람들에게 고마웠고, 앞으로 무엇을 하면 될지 조언을 구하고 좋은 말도 많이 들어서 고마웠다. 근데 그런 말 말고, '요즘 짠부 님 어때요?'라고 말해준 사람은 무과수 작가님이 처음이었다. 바쁘다는 이유로 배달음식 시켜 먹는 나를 걱정하고, 제철 요리를 검색해 자신을 위한 요리를 해보라고 권유했다. 요리를 추천받은 게 처음이라 신선했는지 그다음 날 진짜 처음으로 내가(!) 감자조림을 해봤다. 명상을 해도 '명상은 어디서부터 시작된 걸까'라며 잡생각을 하던 내가 처음으로 명상하는 기분을 느꼈다. 나도 오만 걱정과 생각을 다 잊은 채 감자 깎기에만 집중할 수 있다는 사실이 신기했다. 그때를 기점으로 요리처럼 평소 안 하던 것들을 해보며 내 집 마련 후 세게 왔던 번아웃에서 서서히 벗어날 수 있었다.

위로받는 법을 몰라서 위로를 폄하했던 나는 이제
'힘들면 쉬어가되 절대 재테크에 등 돌리지 말라'며
내 방식으로 위로할 줄 아는 사람이 되었다.

위로가 필요한데 그걸 부정하느라 더 깊은 번아웃에 빠지듯 자신의 감정을 속이거나 외면할수록 상황은 더 나빠진다.

누군가 명품 자랑하는 걸 지켜보는 일만 해도 그렇다. 명품 안 좋아한다면서 대화를 차단하거나 아예 안 듣는 게 나를 위한 행동인 줄 알았다. 열심히 돈을 아끼고 있는 내 현실과 별개로 부럽지 않고, 사고 싶지 않다고 되뇌는 마음은 그들을 부러워하는 나를 속이는 일이었다. 부러운 마음을 인정하지 않았다. 인정받지 못한 내 마음은 괜히 애먼 데 가서 남을 깎아내리는 도화선이 되기도 한다. 그래봤자 할부로 산 거지, 그래서 어떻게 돈을 모으겠냐며 말이다. 상대방을 질투하고 미워하는 이유는 점점 늘어나고, 그 수많은 이유에 내가 해당하지 않는다는 보장이 없으니 나를 미워하기도 쉬워진다. 나다워지다 보면 '나는 이제 이런 사람'이라며 자신을 더 옥죌 때가 많다. 욜로족 때의 나는 틀렸고 지금은 맞고, 힐링 에세이 안 읽는다고 해놓고 지금은 읽는 것처럼 가끔 과거의 나를 부정해야 할 때도 있다. 뼈를 깎는 고통 끝에 여기까지 왔고, 억하심정에 나를 더 옥죄기 쉽다. 하지만 과거의 나도, 억하심정을 느끼는 나도 이해하며 절대 부정하지 않아야 한다.

다른 사람의 삶을 내가 뭐라고 할 수 없는 것처럼
그때는 그때의 내가 제일 잘 알고 제일 많이
고민했다고 믿는다.
환경, 마음가짐, 속도가 달랐던 당시의 현실을
인정해야 한다. 그러면 지금 가장 나다운 속도,
마음가짐, 환경을 조절할 수 있는 주도권이 생긴다.

위로의 힘을 인정한 후 많은 것이 변했다. 내 집 마련을 하기 전에 막연히 나는 부동산으로 부자가 될 거라고 생각했다. 지금 내가 아는 내 실체는 오늘을 행복하게 사는 게 엄청 중요한 사람이다. 지금 당장 편히 살아갈 환경이 중요해서 내 집 마련을 목표로 삼았던 것이지, 내가 지내기 힘든 환경의 집은 살 수 없는 사람이었다. 내가 주도권을 잡고 뭔가를 할 수 있어야 하는데 당장 현금으로 바꿀 수도 없고, 세금 규제도 많은 부동산은 엄밀히 말하면 내 타입이 아니었다. 반대로 가상화폐는 평생 들여다볼 일이 없을 거라 장담했는데 가상공간에 관심을 갖게 되면서 자연스럽게 찾아보게 되었다.

모든 나를 편안하게 받아들이자. 다를 수도 있고 변할 수도 있다는 사실을 인정하고 스스로 파이팅하면 된다. 그러면 느끼게 된다. 옛날에는 돈 쓰는 재미만 알았다면 이젠 돈 모으는 재미도 아는 나로, 자기계발의 즐거움만 알았다면 이제는 힐링의 즐거움도 아는 나로, 비대면 시대에 가상공간에서 강의하고 소통하는 나로, 내 세계가 넓어졌다는 것을. 내 세계가 점점 넓어지는 일이라면 나다움에 나를 가두기보다는 기꺼이 나의 변화를 받아들일 것이다.

영화 〈소공녀〉를 아직 안 본 사람들을 위해 자세히 말하진 못하지만 지금은 그 영화를 사랑에 관한 이야기라고도 덧붙여 소개한다. 재테크 하는 것도 나고, 무언가를 사랑하는 것도 나다.

Part 2.

티끌을 다뤄본 나여야
태산을 다룰 수 있다

_ 공급

자신감 :
자신이 있다는 느낌

●
●
●

나다움은 명사나 형용사가 아니라 동사다.
행동 없는 공허한 말로 나를 정의하기보다는
작더라도 근거 있는 말로 나를 만들어가야 한다.

'제대로'보다 '일단' 하려고 한다

○

You can't connect the dots looking forward; you can only connect them looking backwards. So you have to trust that the dots will somehow connect in your future._스티브 잡스

음… 어… 유 캔 커넥트 더 닷츠, 롸잇 나우! _김짠부

우리 인생에서 경험은 점이고 그 점들이 이어져 인생이 된다는 스티브 잡스의 말은 유명하다. 스티브 잡스가 애플을 만들며 그 사실을 깨달았다면 그 애플을 사용하며 살아온 우리는 좀 더

● 75

다른 걸 깨달아야 하지 않겠습니까? 스티브 잡스는 그 점들이 미래에 어떻게든 이어질 거라고 믿어야 한다고 했지만, 믿기만 할 게 아니라 진짜 연결할 수 있어야 한다.

악순환에 갇혀 있던 사람이 어느 점에서 선순환으로 들어섰는지, 선순환에 있던 사람이 그 순환을 어떻게 더 넓혔는지에 따라 전혀 다른 삶을 산다. 짠테크가 내 삶에 가져온 선순환을 유튜브로 넓히며 김짠부가 되었듯 말이다.

나는 수다 떠는 걸 좋아하는 사람이라서 유튜브를 택했다. 인간 리트리버라서 사람을 좋아하고, 누군가의 TMITοο Much Information 듣는 걸 좋아하고, 사람들과 교류해야 에너지를 얻을 수 있는 사람이다. 수다 떤다는 기분으로 유튜브를 시작했고 마치 내 말에 대답하는 듯한 댓글들을 끝까지 다 읽으면서 기운을 얻는다. 유튜브를 시작하기 전에 온라인 재테크 카페에서 내적 친밀감을 쌓는 정도로 짠테커의 외로움을 달랠 수 있는 사람이었다면 지금과는 내 모습이 또 달랐을 것이다.

나와 달리 말보다 글이 더 편한 사람은 블로그로, 사진 찍는 게 취미인 사람은 인스타그램으로 시작할 수 있다. 회사를 다니고 있다면 회사 내 강연 기회를 얻어 무언가를 시작할 수도 있고, 주변에 좋은 사람과 의기투합하며 시작할 수도 있다. 일단 시작하면 여러 일을 이어갈 수 있고, 그중에서 자신에게 더 잘 맞는 방법을 찾을 수도 있다.

점들을 언제, 어디에, 어떻게 연결할지
내가 결정하고 나아갈 때 삶이 나다워진다.

'준비되지 않았다'는 이유로 시작을 미루는 사람들이 있다.
무엇을 준비하는 건가요? 창업하기 위한 돈? 이번 회사
프로젝트만 끝내고 생길 시간? 주변 사람의 동의? 저 유튜버가
가지고 있는 만큼의 공간과 장비? 무언가를 갖춰놓고 시작해야
성공할 수 있다고 생각한다면, 틀렸다.

잊지 말아야 한다. 지금 우리는 나답게 일하는 법을 찾고
있다는 것을! 모든 일은 나다움을 찾기 위한 수단이다. 나답지
못하다, 나답다는 판단도 일단 시도해봐야 할 수 있다. 하다가
나답지 못하면 방향을 바꾸거나 범위를 좁히거나 넓히거나
그만두면 그만이다. 그 일을 했다가 어떤 성과를 내지 못했다고
해서 내가 사라지지 않는다. 그 일을 하기 전과 후 분명 나는
달라져 있기 때문에 무의미하지도 않다. 하지만 우리는
뼛속까지 성공과 실패, 완성과 미완성 등 이분법적인 생각,
준비와 시작 그리고 과정과 목표 달성 등 일렬로 나아가는
선형적인 생각에 익숙하다. 여기서 벗어나야 한다. 어떻게?
그냥 시작하면서!

이분법적인 생각은 나답냐 아니냐 판단하는 정도만,

선형적인 생각은 내 일들이 어떻게 이어져 있는지

점검할 때만 쓰면 된다.

유튜브 채널이 커지면서 여러 곳에서 만난 사람들이 종종 묻는다. 어떻게 그 많은 일을 하냐고 말이다. 사실 많은 일을 한다고 생각하지도 않고 일이라고 느껴지지 않을 만큼 재미있는 일들만 한다고 솔직하게 말한다. 이 대답을 시작으로 묻고 답하고 반박하며 몇 차례 실랑이하다가 이런 질문을 하는 사람은 어떤 사람인지 생각해봤다. 주로 직장인, 그리고 여러 일을 해야 한다고 생각하지만 그러지 못하는 왕초보 프리랜서 (나는 초보 프리랜서다)였다. 그들의 끝없는 질문과 의심은 '하나도 제대로 하는 게 없는데 어떻게 여러 일을 하며 사냐'라는 하소연이기도 했다. 저는 뭐, 뭐 하나 제대로 하나요. 유튜브, 팟캐스트, 온라인 카페, 인스타그램, 블로그, 강연, 사람 만나기 등 이 모든 걸 제대로 하려 하기보다는 하나로 하려고 한다. 내가 하는 일은 주욱 연결되어 있다. 다른 누구도 아닌 '내가' 하는 일이기 때문에 주욱 연결할 수 있다. 유튜브에서 하던 말을 어떤 날에는 강연장 가서 하고, 인터뷰타 매체와의 인터뷰 질문에 답하거나 사람을 만나면서 얻은 인사이트를 인스타그램과 블로그에 남기고, 오늘 내가 소비할 때는 어떤 마음이었고 누구를 만나 어떤 영감을 받았는지 등 일기 쓰듯

팟캐스트를 한다. 유튜브 댓글을 보면서 유튜브 콘텐츠
아이템을 얻기도 한다. 인간 리트리버 유튜버 성향에 맞는
재밌는 일이 또 있다면 우선 해보고, 다른 일과 합치고 정리하고
이어가면서 내 일을 넓히고 싶다.

사람들은 내가 하는 일 중 하나만 알기 쉬우니
나만이라도 내가 하는 모든 일을 보며 이어가야 한다.
내가 내 일을 제대로 하는 방법이다.

하는 것도, 하고 싶은 것도, 해야 할 것도, 할 수 있는 것도
많아진 지금, 일단 시작하자. 잘하는 사람도, 그냥 하는 사람도
많은 지금, 제대로 잘하려고 하면 끝없는 비교의 악순환에
갇힌다. 점 하나 찍는 걸 준비하는, 두려워하는, 어려워하는
단계는 가볍게 넘기고 우선 점을 찍자. 희미해도 좋다. 그
점들을 잇는 선을 잘 긋다 보면 멀리서도 잘 보일 거다. 점의
모양이나 개수보다는 선이 이어져 생긴 전체 모양이 더 눈에
띄는 법이니까. 점을 많이 찍다 보면 선이 되기도 한다는 사실도
잊지 말고.

"남에 대한 감탄과 나에 대한 절망은 끝없이 계속될 것이다. 그 반복 없이는 결코 나아지지 않는다는 걸 아니까 기꺼이 괴로워하며 계속한다."(이슬아의 《부지런한 사랑》 중, 문학동네, 2020) 우리는 모두 다를 바 없는 똑같은 사람이지만, 결국 차이는 한 가지다. 어쨌든 실행으로 옮긴 사람과 그렇지 않은 사람.

_정혜윤 외 8명 《인디펜던트 워커》 (스리체어스, 2021)

하고 싶은 것을
할 수 있다고
착각하지 않는다

○

하고 싶은 게 없다면
할 수 있는 것부터 하면 된다.

하고 싶은 것보다
할 수 있는 게 더 중요할 때가 있다.

목표, 꿈, 가치, 롤모델, 꿈의 시각화. 무언가를 시작하기 전에 꼭 해야 하는 일들이다. 하지만 거기에 취해 정작 자신이 올라야 할 눈앞의 계단을 오르지 못하기도 한다. 자기계발서에서 이런 말 하기 좀 그렇지만 자기계발의 폐해랄까. 나도 그 피해자 중 한 사람이다.

아주 옛날처럼 느껴지지만 불과 3년 전의 일이다. 아는 사람은 알겠지만 나의 유튜브 채널 '김짠부 재테크'의 처음은 지금과는 사뭇 달랐다. 채널명은 '김짠부의 전원일기', 첫 영상 제목은 '용인 전원주택에서 서울 방송국까지, 짠내나는 뉴스 PD 출퇴근 브이로그'였다. 당시 경기도의 한 전원주택에 살고 있었는데 당연히 부모님 집이었다. '전원주택' '전원일기'라는 키워드가 유튜브에서 먹힐 줄 알고(?!) 지은 이름이었다. 하지만 잔디 깎고 집 관리하는 사람은 우리 아빠였다. 전원일기는 내가 하고 있는 일도, 할 수 있는 일도, 하고 싶은 일도 아니었다. 첫 영상을 본 당시 회사 선배가 "김짠부인데 재테크 이야기는 언제 해?"라며 생생한 후기를 들려준 덕분에 부랴부랴 김짠부 재테크로 채널명을 바꿨다. 그리고 나의 생각과 마음, 거기서 비롯되는 행동들을 이야기했던 영상 '20대 짠순이의 저축률 높이는 세 가지 방법'이 떡상하면서 가장 나다운 것의 힘을 느꼈다. 하지만 이때만 해도 아주 어렴풋이 느꼈던 것 같다. 그 후 또 같은 실수를 했기 때문이다.

이번엔 김짠부 재테크 채널의 한 코너인 '짠터뷰'에 관한 이야기다. 지금의 짠터뷰는 사실 시즌 2이다. 단 한 편으로 시작하자마자 끝난 시즌 1은 지금과는 많이 다른데, 그 시작은 소소하면서도 거대했다.

당시에 자주 갔고 지금도 너무 좋아하는 동네 카페 사장님을 꼭 인터뷰하고 싶었다. 일부러 찾아오지 않으면 오기 힘든 경기도의 한 동네에서 질 좋은 커피와 쿠키, 서비스를 제공하며 자신만의 브랜드를 만드는 사장님이 너무 멋있었다. 흔쾌히 인터뷰에도 응해주시고 좋은 말씀도 많이 해주셨다. 나도 그에 어울리는 멋진 영상을 만들고 싶었다. 지금으로 치면 tvN 〈유퀴즈〉에 나오는 인터뷰 영상, 당시에 참고했던 유튜브 채널 '셀레브'의 인터뷰 영상처럼! 목표는 거대했다. 하지만 그때의 나에게는 참고 영상처럼 고오급스럽게 편집할 능력도, 여력도 없었다. 결국 힘은 힘대로 들고, 못해내는 나 자신에게 실망하고

울적해하다가 '지속할 수 있어야 한다'는 현실에 발을
붙이고서야 정신 차릴 수 있었다.

시간차를 두고 벌어진 이 두 사건은 명백히 같은 실수다. 내가
'하고 싶은 것'을 '할 수 있는 것'이라 착각해서 일어난 일이기
때문이다. 유튜브 채널을 처음 만들 때도, 짠터뷰 첫 영상을
만들 때도 할 수 있는 일이라고 생각했다. 명색이 난 영상을
해본 사람이었기 때문이다. 어렸을 때 부모님 생신 선물(?!)로
영상 편지를 드리고, 친구들과 놀 때도 사진보다 영상을 찍고
편집하는 게 익숙했다. 재미있을 것 같다는 이유로 프러포즈
이벤트 회사를 차렸을 때도 영상에 진심이었다. 그 마음과
기술을 살려 사회에선 뉴스 PD로 일했다. 유튜버로 거듭났을
땐 그래도 내가 영상 좀 해봤으니까 남들보다 잘해야 하지
않을까, 좀 더 감각적이고 새로운 것을 보여줘야 하지 않을까
하는 마음이 있었던 것 같다. 결과적으로 그런 영상은⋯ 내가
할 수 있다기보다 하고 싶은 것에 가까웠다. 내가 진짜
할 수 있는 건 그런 영상을 만드는 것보다 수다를 떨며 격려하는
일이었다. 이걸 인정하고 만든 짠터뷰 시즌 2는 매우 잘 되며
지금까지 이어지고 있다.

'하고 싶은 걸 하세요!'라고 흔히 말한다. 내 행복을 위해 너무 중요한 말이지만 그것보다 더 중요한 건 할 수 있는 것부터 하는 것이다. 지극히 개인적으로 '하고 싶은 게 없어요'라는 말은 쉽게 수긍할 수 있다. 우리가 돈 공부를 따로 해야 한다는 걸 몰랐던 것처럼 나 공부도 해본 적 없기 때문이다. 하지만 '할 수 있는 게 없어요'는 있을 수 없는 말이다. 회사 업무, 수업 내용과 과제, 취미활동 등 매일 반복하는 일이 할 수 있는 일이기 때문이다. 대부분 사람은 자신이 할 수 있는 일을 잘 잊는다.

유튜브 '월급쟁이부자들TV'를 운영하고 《월급쟁이 부자로 은퇴하라》를 쓰신 너나위 님이 짠터뷰에서 이렇게 말씀하신 적이 있다. "재테크를 할 때 하고 싶은 게 아닌 지금 할 수 있는 걸 하는 게 중요해요. 하고 싶은 것은 100억 부자가 되는 것이지만 지금 할 수 있는 건 절약과 저축으로 시드머니를 모으는 거거든요." 너무 당연한 말이라서 와닿지 않는다면 횡단보도 건널 때를 상상해보라고 하셨다. 하고 싶은 건 여기서 저기로 건너는 것인데 횡단보도에서 당장 할 수 있는 건 초록불을 기다리는 것이다. 하지만 대부분의 사람들은 하고 싶은 것만 생각하고 무단횡단을 해버린다고. 평범하고 일상적인 이 조언 덕분에 난 나에게 많은 질문을 던질 수 있었다.

이게 지금 하고 싶은 거야,
할 수 있는 거야?

'횡단보도'와 '무단횡단'을 상상하니 '운'에 집착하며
전전긍긍했던 마음도 조금은 내려놓을 수 있었다.

비슷한 환경에서 자랐어도 성공하고 부자가 되는 사람은 따로
있고, 그들은 꼭 '운이 좋았다'는 말을 덧붙였다. 운이 좋았다고
말하는 사람을 만나면 '언제, 어디서, 몇 시에 그 운이 왔어요?'
라며 꼬치꼬치 캐묻고 그 운이 올 것 같은 시간이나 상황,
정보가 있는 곳으로 가려고 했다. 여기로 가야 합니까, 저쪽으로
가야 합니까, 아, 이쪽이 아니에요? 하면서 말이다. 반대의
경우도 있다. 한창 승승장구하다가 한순간에 바닥으로
추락하는 유튜버나 부자를 보며 무서워했다. 나에게도 나쁜
운이 찾아올까 봐 말이다.

운과 관련된 이 모든 걸 지금은 횡단보도 건너는 일이라고
생각한다. 성공하고 부자 돼서 그 자리를 잘 유지하는 사람이
말하는 운은 횡단보도 앞에 설 때마다 건너는 신호로 착착착
바뀌는 타이밍, 빠르게 건널 수 있는 능력인 것 같다. 한순간에
추락한 그 사람은 어쩌면 늘 무단횡단을 해왔던 게 아닐까.
무단횡단했지만 사고가 나지 않다가 이번엔 피하지 못한 건지도
모른다. 평소 무단횡단을 하지 않고 느리더라도 실력을

키워왔다면 추락한 채로 끝나지 않았을 것이다. 이런 생각이 들자 내가 어찌할 수 없는 운에 전전긍긍하기보다 신호가 바뀌길 기다리며 뭐라도 하면 운이 좋아질 거라 믿기로 했다.

퇴사, N잡이 답이라고 여기는 사람이 있는가 하면 한 분야에서 진득이 전문성을 쌓는 게 중요하다고 여기는 사람도 있다. 무엇이 정답인지는 알 수 없지만 그 어디든 경쟁력은 필요하다. 경쟁력을 키운다는 건 지금 자신이 있는 곳에서 할 수 있는 것을 하고, 더 할 수 있는 것을 찾고 가꾸는 일이다. 그게 곧 나다운 길이다. 자신이 N잡러 스타일인지, 하나에 꽂히면 돌진하는 스타일인지, 유튜브 구독자수 몇 명을 등에 업어야 퇴사할 마음이 드는지. 뭐라도 해야 무엇이 나다운지 찾을 수 있다. 참고로 구독자수 10만이 넘어도 퇴사하지 않는 크리에이터도 꽤 많다. 회사 사람들 사이에서 좋은 점을 흡수하고 자신의 부족한 점을 발견하고 업데이트하면서, 만나는 사람들의 외연을 넓히는 것이 자신이 하고 싶고, 할 수 있는 일이라는 걸 알기 때문일 것이다.

뭘 하고 싶은지 모를 땐
일단 자신이 있는 곳에서
뭐라도 해서 뭐라도 남겨야 한다.
티끌을 다뤄본 사람만이 태산을 다룰 수 있다.

보통은 구독자수 5만 명이 넘어가면 자연스럽게 퇴사를
고민한다는데 성격 급한 김짠부는 3만 때부터 퇴사하고 싶었다.
그 후에도 하고 싶은 거, 할 수 있는 걸 착각하며 시행착오를
겪었지만 똥인지 된장인지 꼭 찍어 먹어봐야 하는 성격에 잘
어울리는 방법이었다고 김짠부답게 긍정적으로 생각해본다.
그 덕분에 지금은 몇 개월 만에 100만 유튜버, 광고비 얼마
받는 인플루언서, 자산 얼마의 1인 기업가 등 멋있고 화려한
말에 현혹되는 대신 내가 건너야 하는 길을 하나씩 건널 수
있게 되었으니까. 주변을 살피며 길을 건너다 보면 길가에 놓인
예쁜 공간, 좋은 옷, 멋진 카메라, 다재다능한 편집 장비, 이를
다룰 수 있는 능력과 안목도 챙길 수 있을 것이다. 그러다 보면
내게도 감각적이고 예쁘고 세련되고 우아하고 화려하며 멋진
유튜브 영상을 할 수 있는 날이 올 거라 믿는다. 다짐이자
약속이다.

재능은 신이 주신 최고의 선물이지만, 오직 재능만으로 최고의 자리에 오르는 사람은 없다. (중략) 일을 하면 할수록, 가장 단순한 행위의 가장 강력한 힘에 대해 생각한다. 성실과 최선, 이 투박하고 멋없는 단어 속에 온갖 가능성의 씨앗이 숨어 있다는 생각을 한다._유병욱 《없던 오늘》 (북하우스, 2021)

파이프라인에
실패할
권리

○

세상에 돈 버는 방법은 많다. 단군 이래 가장 돈 벌기 쉬운
시대라고도 하고, 월 1000만 원 찍을 수도 있단다. 진짜 쉽고,
솔직히 누구나 할 수 있다는 식의 문구와 썸네일, 제목을
어디서나 볼 수 있다. 내게는 본업이지만 직장인들에게는
파이프라인일 유튜브도 거기에 속한다. 정성 들여 준비한
영상의 조회수가 낮아 절망스러울 때면 그런 영상이
알려주는 대로 따라 해볼까 싶다가도 차마 그럴 수 없었다. 나의
최선에 대해 의심하게 될 것 같았다. 자극성 등을 기반으로 한

경험은 궁극적으로 나에게 좋은 영향을 주지 못한다고 믿는다. 유튜브는 본업 부심을 부리느라 그렇다 치고, 한편으론 나도 본업 외에 다른 파이프라인을 만들어야 하는 이 시대의 일원이다. 거기다 귀 얇고 행동력 높은 성격 덕분에 '못 먹어도 GO!'라는 생각으로 하라는 건 다 해봤다. 그리고 알았다.

모두가 비슷한 방법으로 파이프라인을 만들더라도
수익이 콸콸 흐르는 파이프라인과
돈은 많이 벌려도 곧 죽어도 할 수 없는
파이프라인은 각자 다른 이유.
그걸 나누는 것은 방법보다는 나 자신에게 달려 있다.

돈돈돈 거리는 나도 스마트스토어와 인스타툰은 못한다.
해봤기 때문에, 그것도 아주 잘했기 때문에 못한다. 우선
스마트스토어는 이렇게 시작했다. 자신이 잘 먹고, 즐겨
구입하는 제품 뒤에 적혀 있는 공장에 전화해 사입이나 위탁을
알아보라고요? 전화 공포증이 있는 나는 대량의 물건을
조금이라도 저렴하게 살 수 있다는 도매꾹 사이트를 활용했다.
미리캔버스라는 무료 디자인 사이트를 이용해 상세페이지도
만들고, 머리 쥐어뜯어가며 물건을 매력적으로 설명하는
문장을 썼다. 건조기 양모볼 등 나도 잘 모르고, 써보지도
않았고, 그래서인지 잘 팔리지 않는 물건 몇 개를 거쳐 내가
좋아하는 두부 과자를 팔기 시작하자 정말 장사가 잘 됐다.
한 번에 열 개 혹은 한 박스 이상 팔릴 때도 있었다. 술안주,
다이어트하면서 약간 양심은 챙기고 싶을 때 먹는 간식,
할머니집 갈 때 챙길 만한 선물 등 내가 실제로 겪은 상황들을
상품명에 덧붙이니 몇 달간은 상위에 노출되기도 했다.
잘 팔리는데도 도무지 신이 나지 않았다는 건 상상도 못했던
문제였다. 하루에 열 개 정도, 많은 것도 아니고 후다닥 할 수
있는 양의 택배를 포장하는데, 너무 재미가 없었다. 나란 사람…

재미 빼면 시체인가 하고는 부모님께 위임했지만 전반적인
관리는 여전히 내 몫이었고, 그것 역시 재미없었다. 더 키우면
그만큼 돈이 벌린다는 걸 잘 알았기에 나 자신을 달래고
다그치며 끝없이 물었다. 진짜 재미없냐고. 이걸로 월 몇 백을
번다고 해도 포기할 수 있냐고. 왜 인생을 재밌게만 살려고
하냐고. 왜 이리 책임감이 없냐고. 나 자신에게 실망하기도
했지만 결국 내가 이겼다. 내면 깊은 곳에서 '와, 너무
재미없어서 못하겠는데' 하던 내가. 결국 사업을 멈추고
그만뒀다.

그다음 인스타툰. 80만 원에 중고 아이패드를 구매하고
아이패드로 그림 그리는 법을 알려주는 강의도 결제해 배우며
나름 열심히 짠부툰을 올렸다. 열다섯 개의 툰을 올리는 동안
세 건 정도의 광고 제안도 받았지만 결과적으로 광고도 받지
않고, 업로드도 멈췄다. 짠부툰을 그리면서 느낀 점은 단 하나.
'아 정말 힘들다!!!' 매일 말로 하던 내용을 열 개 이하의 컷으로
정리해서 메시지를 전달한다는 게 상상 이상으로 어려웠다. 그
이후로 모든 인스타툰 작가님들을 존경하게 된 건 예상치 못한
큰 성과였다.

스마트스토어나 인스타툰은 돈은 더 벌 수 있지만 내게 맞는 일은 아니었다. 그 어디에서도 뿌듯함! 내가 해냄! 포인트를 찾을 수 없었다. 누군가는 유튜브를 하며 이런 좌절을 겪을지도 모르겠다. 남들 다 유튜브 하니까 나도 하긴 해야겠는데, 악플이 달릴까 봐 너무 무섭고(사실 이건 45만 유튜버가 되어도 그렇다), 도대체 이런 영상을 왜 보는지 의구심이 든다면 그 사람은 유튜브를 오래 하지 못한다. 이런 사람들은 유튜버처럼 자신을 직접적으로 드러내는 것보다 자신이 만든 상품이나 그림을 내세우는 편이 더 맞을 수도 있다. 나는 여전히 악플이 무섭고 힘들긴 하지만, 응원의 댓글과 내 영상을 보는 재미가 그 힘듦보다 크다. 나는 내 영상을 다시 보는 게 너무 재밌다. 내 상품, 내 그림보다 '나' 자체가 나오는 게 더 뿌듯하다. (우린 이것을 관종이라 부르기로 했어요.)

무엇이 맞다 틀리다가 아닌, 적어도
'난 이거 진짜 좋아해! 근데 이런 건 나랑 조금 안 맞더라고!'를
구별할 수 있는 경험들은 해야 한다. 해봐야 알 수 있다.

자신의 노력과 시간을,

그것도 최선을 다해서

실패하고 포기하자.

나의 최선을 의심하지 않을 수 있는 그 경험은

본업, 부업, 일, 삶을 구분하지 않고

나를 지켜줄 것이다.

파이프라인, 사이드잡, N잡 등 여러 이름으로 불리는 그 일을 할 때 수익도 좋지만 조금이라도 더 자신에게 비중을 두었으면 좋겠다. 스마트스토어, 짠부툰을 해보기 전 나의 또 다른 파이프라인은 강의, 출연, 원고였다. 이 세 개에 속하는 일을 말 그대로 미친 듯이 했다. 어느 달은 주말까지 포함해 집에만 있었던 적이 단 하루도 없을 정도였다. 김짠부로 할 수 있는 일은 다 한다는 생각이었지만 어느 순간 김짠부가 존중받지 못하는 상황도 종종 발생했다. 원래 장난을 많이 치는 방송이라는 핑계로 농담을 가장한 무례한 말을 들어야 한다거나….

돈 버는 일도 중요하지만 내가 어느 자리에 있어야 가장 빛을 발하고 더 잘할 수 있는지, 자기효능감이 잘 발휘되는 환경을 고르는 것도 그에 못지않게 중요하다. 이왕 내가 선택해 시작하는 일인 만큼 그 환경이 나답지 못하다면 단호하게 그만둘 필요가 있다. 물론 직접 해보고 말이다.

물건이나 서비스를 구매할 때 가성비, 가심비를 따지듯 내 일을 할 때도 가성비, 특히 가심비를 따지면 된다. 돈 주고 장비 사고, 수업 듣고, 시간 들이고, 앞으로도 들일 시간과 노력, 자존심까지 생각해서 말이다. 그만둔다고 지금까지 들인 모든 게 아까운 게 아니다. '하면 되긴 된다'는 자기효능감 혹은 나란 사람과 세상을 더 잘 알게 되는 데 기꺼이 치른 비용이다.

선택의 기준은 언제나 당신의 비전과 가치여야 한다. 해당 업무가 가치 목록의 상위권에 있고, 비전에 다가가게 하고, 목표를 실현하게 하는 일이라면 그 일을 하라. 그렇지 않으면 다른 사람에게 인계하거나 포기하라.

_롭 무어 《레버리지》(김유미, 다산북스, 2019)

정신승리와
나를 위한 선택은
다르다

○

"죽으면 소용 없잖아요."

유튜브를 하며 많이 본 댓글 중 하나다. 그래 맞아, 죽으면 소용 없지. 그래서 나도 죽도록 마셨지?! 유튜브를 시작하기 전 혼자 짠순이 생활을 할 때도 저 말로 정신승리하며 포기하려 했던 적도 많았다.

솔직히 그럴 만도 했다. 한 달에 6000원 아끼겠다고 홍 많은 내가 음악 스트리밍 서비스를 해지한 날, 친한 선배는 필라테스

수업을 연장하러 갔다. 하루종일 컴퓨터 앞에 앉아 있어서
아작날 것 같은 허리에는 필라테스가 제격이라는 거, 나도 안다.
하지만 필라테스는커녕 스트리밍 서비스도 해지했던 것이 나의
현실이었다. 우울감에 허리도 더 아픈 것 같았다. 난 운동도
못하고 음악도 못 듣는데 '이렇게 살아서 뭐해?' '열심히 돈
모으다가 아프면 무슨 소용이야?' '언제 저세상 갈지 모르는 게
인생인데 이렇게 돈만 모으다 갈 거야?'라는 속삭임도 커졌다.

언제 죽을지 모른다는 사실을 두고 욜로족과 짠테커로 나뉘듯
주어진 대로 편하게 사는 사람과 괴롭지만 뭐라도 하면서
자신을 찾는 사람으로도 나뉜다. 전자에서 후자로 변해왔던
나라서 그런지 그 괴로움이 유달리 크게 느껴질 때가 있었다.
할까 말까, 나는 왜 이렇게 간댕이가 작을까, 못하겠어요,
남들은 잘만 하는데 왜 못하는지 고민이 길어지는 날이면
'죽으면 소용 없는데!' 하고 그냥 편히 잠들고 싶기도 했다. 내가
나를 괴롭히는 것보다 당장 몸과 마음 편히 해주는 게 나를
위한 일이라고 여기고 싶었다.
하지만 그건 나를 위하는 게 아니라 정신승리일 뿐이다. 내일

죽을 확률보다는 살 확률이 더 높다. 오래 사는 건 현실이다. 그리고 물질적, 정신적으로 가난하게 오래 사는 것보다 비참한 건 없다. 내가 언제 죽을지 모른다는 생각으로 막 사는 동안 그 시간을 활용해 덜 쓰고 더 번 누군가를 몇 년 뒤 마주했을 때, 정말 진심으로 축하해줄 수 있나. 1년, 2년, 3년이라는 모두에게 공평하게 주어진 그 시간을 보냈는데, 난 여전하고 누군가는 달라졌을 때 정말 질투가 하나도 안 난다고 자부할 수 있나. 내 대답은 'No'였다.

돈을 버는 일이든 나를 아는 일이든
감정적으로 휘둘릴수록 지는 게임이다.
이성을 차리고 공부하고 작은 것이라도 해보면
다양한 선택지를 마주할 수 있다.
자신이 어떤 결정을 내렸더라도
더 이상의 선택지가 나오지 않는다면
그건 회피이자 정신승리일 뿐이다.

부동산이든 주식이든 결국 어떤 사이클을 갖고 있다. 그 흐름은 내 삶의 크기를 넘어서지만, 공부하고 기억하면 다음 기회를 잡을 수 있다. 집값이 왜 오르는지 공부하고 직접 다녀보고 분석하고 나서 다음 사이클을 기다리겠다는 것은 선택이다. 하지만 집값이 오른다는 뉴스만 보고 거품이라고 단정 짓고 안 보고, 안 사는 건 회피다.

사람 사는 것에도 결국 어떤 사이클이 있다. 위기 뒤에 기회가 오듯, 만남 뒤에 이별이 있듯, 실패가 쌓여야 성공할 수 있듯 말이다. 자신이 현재 어떤 위치에 있는지, 그 자리에서 무엇을 할 수 있는 사람인지, 여러 방법 중 이렇게 하겠다는 것은 선택이다. 하지만 퍼스널 브랜딩, 1인 기업과 창업, 파이프라인, N잡 등 너도나도 다하니까 결국 나는 안 될 거라고 단정 짓고 안 보고, 안 하는 건 회피다.

초초초감정적인 나에게도 여전히 힘든 숙제다. 뭐든 하면서 나다운 선택을 고민하는 것보다 정신승리하면서 긍정적으로 사는 게 낫다는 사람도 있다. 그 의견 존중하면서도 긍정의 아이콘인 김짠부가 한마디 덧붙여도 되겠습니까.

정신승리하면 긍정적으로 살 수 있을 것 같지만,

아니다.

묘하게 불편하다.

자꾸 그 일이 생각난다.

안 하기로 결정해놓고 거의 2년을 혼자 곱씹었던 유료
온라인클래스처럼 말이다. 유료 온라인클래스를 하면
강의팔이라는 욕도, 너무 좋았다는 칭찬도 들을 터였다. 욕도
듣고 칭찬도 듣는 건 유튜버로서 흔히 겪는 일이었지만,
강의팔이라는 비난은 그때까지 듣지 못했던 새로운 욕이었다.
돈도 더 벌고 칭찬도 더 받는 만큼 욕을 듣고 의연하게 넘기는
그릇도 키워야 하는데 나는 그걸 못하는 사람이었다. 단순히
유료 온라인클래스를 '안' 한 게 아니라, 더 넓어질 내 세상을
받아들이지 '못'한 거였다.

안 한 거라고 생각하며 2년간 정신승리하며 기운을 빼다가 내가 못했다는 걸 깨닫고 받아들이니 다음 일을 선택할 때 조금은 수월했다. 나 자신을 괴롭혔던 시간이 조금 아깝지만, 그 후 못난 나를 인정해도 자존심 상하지 않고 다른 것에 집중하면서, 자존감을 높이며 진짜 긍정을 쌓을 수 있었다고 생각한다.

나를 존중하는 마음, 자존감은 겉으로 드러나지 않지만 뭔가를 하다 보면 분명히 느껴지는 것이기도 하다. 유튜브를 시작하고 지금까지 할 수 있었던 건 자신감이 있었기 때문이 아니라, 돈을 아끼면서 내가 할 수 있다는 걸 믿을 수 있게 되었기 때문이다. ENFP의 장점이자 단점이 자신의 단점도 특별하다고 생각한다는 거라는데, 처음부터 그랬던 건 아니지만 결국 이렇게 된 걸 보면 맞는 것 같기도 하고. MBTI 과몰입 중입니다.

Part 3.

상대방은
나 하기 나름이다

_ 공급과 수요

자부심 :
자기 자신 또는 자기와 관련되어 있는 것에 대하여 스스로 그
가치나 능력을 믿고 당당히 여기는 마음.

●
●
●

'상대는 나를 비추는 거울이다.'
지금 곁에 있는 사람도 앞으로 함께 있을 사람도
내가 하는 딱 그만큼 나를 대해줄 것이다.

사람을
미워하기 쉬운 시대에
사람 대하는 법

○

욜로족 생활을 청산하던 시기를 종종 생각한다. 주변 환경을
바꿔야 한다는 말에 단톡방을 나오고, 약속을 취소하고, 새로운
사람들을 찾아다녔던 때를. 그런 시간이 있었기 때문에 지금의
내가 있겠지만 그렇게 모질었어야 했나, 모질게 끊어낼 자격이
있었나 하는 의문도 든다. 그들 중 꽤 많은 사람이 자기 사업을
하며 착하고 바르게, 그러면서도 즐겁게 자신의 인생을 살았다.
하지만 그때의 나는 그 사람들과 미래에 대해 이야기하거나
자기계발스러운 대화를 해본 적이 없다. 이번에 나온 신상은

어떤지, 어제는 누구랑 술을 마셨는지가 주 대화 내용이었다.
만약 지금의 내가 그때의 사람들을 만난다면 완전히 다른
대화를 나눌 것이라고 생각한다.

어떻게 180도 다른 사람으로 거듭날 수 있었냐고 묻는 사람이
많다. 비결이랄 게 없다고 생각했는데 내 블로그에 비공개로
돌려놓은 글들을 보며 알았다.

당시의 나는 누군가를 부러워하고 있었다. 20대 초반의
인플루언서가 물결고데기를 자체 제작해서 홍보하는 모습을,
팔로우하고 있던 인플루언서의 사업이 커져서 직원을 추가로
뽑는다는 소식을 보며 말이다. 내 상품, 직원은커녕 앞으로
뭐 해 먹고살지도 막막한 내 현실을 보며 다시 회사에 들어갈까
진지하게 고민하고 있었다.

지금도 부러운 사람이 많고, 가끔은 혼자여서 외롭고 무서워
회사에 들어갈까 고민하지만 그때와 분명히 다른 게 하나 있다.

'부럽다, 근데 저 사람은 뭔가 있겠지, 그럼 난
못하겠네'를 '부럽다, 그러니까 배우고 따라다녀야지,
일단 해보자'로 바꾼 게
인생에 다양한 퀀텀점프를 만들었다.
사람을 대하는 나의 태도가 모든 것을 판가름한다.

요즘은 사람을 쉽게 밀어낸다. 사실상 질투인데 질투 이상으로, 더 안 좋은 방향으로 표현한다. 저축만 해도 그렇다. 장난치는 것 같으면서도 모든 걸 돌려 비난할 수 있다. '그렇게 한 푼 두 푼 모아서 강남에 1평도 못 산다, 진짜 우리나라 어떡하냐' 하면서 우리나라를 비판하는 건지 나를 비난하는 건지, 정말 어쩌라는 건지 모를 소리를 한다. '누구는 부모님이 집 해준다더라, 부럽다' 하면서 진짜 본인이 부러운 건지, 누구 들으라고 하는 소린지 모를 소리를 하며 사실상 비아냥거린다. 부정적, 걱정, 신세 한탄하는 습관을 가진 사람은 워런 버핏, 일론 머스크가 와도 아무것도 얻지 못할 것이다.

꼰대라는 말도 사람을 밀어내는 쉬운 방법 중 하나다. 내가 만난 어른들은 대부분 '꼰대'라는 말을 무서워하셨다. "꼰대 소리 들을까 봐 말조심하게 되고 그러네요, 허허" 하고 말이다. 난 의아했다. 분명 좋은 말씀만 해주셨는데 이들이 왜 꼰대라는 단어에 가려져야 할까. 세상엔 여러 상황과 이를 해결하기 위해 해야 할 많은 노력이 있다. 나 혼자 다 해볼 수도, 해낼 수도 없다. 조금이라도 시행착오를 줄이고, 더 빨리 가기 원할 때 타인의 말을 듣는 것만큼 효과적인 게 없다. 꼰대라는 말

때문에 재야에 숨어 있는 사람들, 내가 듣지 못하는 좋은 말은
얼마나 많을지 생각하다 보면 억울해서 잠이 안 온다.

그럼에도 주변에 젊은 꼰대, 나이 든 꼰대 등등 온갖 꼰대가
많다면 그들을 흉보기 전에 나를 돌아보는 게 더 빠르다. 욜로족
부족원일 때의 나처럼 그들을 대하고 있진 않은지, 내가
그들에게 어떤 질문을 했는지, 혹시 상대방에게 꼰대라는
시그널을 보내진 않았는지 말이다. 회사 선배나 평소 좋아하는
사람에게 커피 한 잔 얻어 마시더라도 '아, 지루하다'고 생각하며
커피만 마시는 것과 이런 저런 경험에 관한 이야기를 묻는 건
시간의 가치가 전혀 다르다. 남이 바뀔길 기다리기보단 나를
먼저 알고 바꾸는 게 시간을 효과적으로 쓰는 방법이기도 하다.

내가 뭐가 부족한지 알면
무슨 이야기를 들어야 할지
어떤 질문을 해야 할지도 알 수 있다.
내가 무엇을 가졌는지 알면 무슨 이야기를 꺼내야 할지
어떤 대답을 해야 할지도 알 수 있다.

꼰대 이야기를 이렇게 길게 하는 이유는 사실 나도 '꼰대'라는 말로 사람을 밀어내는 데 가담했기 때문이다. 비교적 최근의 일이다. 영상 댓글에선 이런 내용을 쉽게 볼 수 있다.

부모님 집에서 살면 그렇게 해도 1억 모을 수 있지, 부모님께 그렇게 사랑과 지지 받으면서 뭘 못한다는 게 이상하다, 참 속 편한 사람이…. 나는 이런 말을 하는 사람들이야말로 나이를 떠나 꼰대라고 생각했다. 자기 말만 맞다고 우기고 대화가 안 되는 사람의 표본이기 때문이다. 이런 사람들은 상대하지 않는 게 내 원칙이었다.

하지만 구독자수가 늘고 다양한 연령대의 사람들이 각기 다른 상황에서 자신만의 방법으로 짠테크를 해내는 것을 보며 내 경험은 아직도 많이 부족하다는 걸 실감했다. 내 인생 처음 듣는 힘들고 어려운 환경에서도 재테크를 해내는 분들을 보면서 내가 앞뒤 재지 않고 확신에 차서 한 말들이 누군가에게는 꼰대 같았을 것 같았다.

그때 내가 밀어냈던 그 사람들이 생각났다. '돈 이야기 밝게 하는 사람'만큼이나 돈 이야기 현실적으로 하는 사람, 현실과 타협하는 또 다른 기준을 제시할 수 있는 사람이 그들이지

않을까 하고 말이다. 여러 사람의 이야기가 필요하다고
생각하면서도 사람을 밀어내는 데 익숙했던 내가 그들을
놓쳤다.

대충대충 빨리빨리 그냥그냥 일하며 사람을 만났던 20대
초반의 나는 아무것도 기대하는 게 없었다. 모두가 마음만
먹으면 성공하는 방법을 찾을 수 있고 그걸 해내는 사람이
많아질수록, 이때까지 없던 새롭고 특별한 방법을 남들보
다 빨리 해야 한다고 조바심 냈던 적도 있었다. 그러나 30대에
들어선 지금은 특별한 방법보다 다가오는 사람에게 더 눈길이
간다. 서로가 서로를 혐오하기 쉬운 요즘이라 더 그럴 지도, 다른
사람의 말을 적극적으로 듣고 대하는 것이야말로 가장 특별한
방법일지도 모르겠다.

"네가 어울리는 친구들이 곧 너의 미래이다." 이것은 정말이다. 우리는 우리를 둘러싸고 있는 가까운 사람들의 영향을 받지 않을 수 없다. 당신이 속한 곳의 사람들을 바꾸지 않고 당신의 인생을 변화시키는 것은 굉장히 어려운 일이다.

_댄 록《부의 마스터키》(서민주, 서영, 2021)

좋은 경험과
그냥 소비를
구분하는 법

○

세상이 정말 빨리 변한다. 그걸 따라잡는 데 시간이 부족하다.
그래서 돈을 쓴다. 돈이 시간을 아껴주고 그 시간에 또 새롭고
다른 경험을 해서 돈을 번다. 경험이 돈이고 돈이 곧 경험이면서,
돈이 돈을 만든다고 한다.
그렇다면 원래 돈이 많아서(?!) 어렸을 적부터 다양한 경험과
안목을 쌓아온 사람들에 비해 그렇지 못한 사람은 영원히
뒤처지는 걸까. '젊을 때 아끼고만 살면 안 된다, 경험을
넓히면서 사람도 많이 만나봐야지'라는 조언을 가장한

비아냥을 예전에는 외면했지만 지금은 무작정 그럴 수도 없다.
짠테커 3년차 만에 달라진 현실이다.
문제는 '짠테커도 돈 쓸 땐 써야 한다' '자신에게 투자할 줄
알아야 한다'는 말을 마구잡이로 가져다 쓴다는 사실이다.
똑같이 돈을 내고 똑같은 행위를 해도 누군가에는 인생을
바꾸는 경험이 되기도 하고, 그냥 흘러가는 소비가 되기도 한다.
이 차이는 어디서, 왜 나타나는 걸까.

도전의식이 있냐 없냐의 차이다.
평소에 안 하던 행동을 하기 위해
나와는 전혀 다른 성향의 사람을 만나기
지금까지 믿어왔던 것과는 다른 것을 받아들이기 위해
돈 낸 거 그냥 버린다 셈 치고 포기하고 싶다가도
두 눈 질끈 감고 해내겠다는 그 마음 말이다.

"최근 연락한 다섯 명의 평균이 '나'"라는 말에 깊이 충격받았던 적이 있다. 욜로족을 떠나고 보니 평균을 낼 수 없을 정도로 아무것도 없었기 때문이다. 고졸이라 대학 동창도 없고, 회사에서도 계약직이어서 동기랄 것도 없었다. 말대로 평균을 만들려면 0부터 다시 시작해야 했는데, 그때 돈을 썼다. 유료 임장 모임에 가입하면서 말이다.

임장 모임 자체가 도전의 연속이었다. 낯선 지역에 가서 부동산을 본다는 건 상상만 해도 심장이 튀어나올 일이었다. 부동산중개소 문을 열 자신도 없었다. 한 달에 일정 금액을 내고 주말마다 임장을 가는 모임에 가입하면 좀 더 쉽겠지 했지만… 그들이 하는 말을 못 알아듣고 이해할 수 없어서 따로 적어와 공부하고, 오픈채팅방으로 오는 부동산 관련 기사들을 읽고, 임장 가기 전 해당 지역에 관한 회원들의 카페 게시글을 읽으며 준비하고, 포항이나 원주 등 평소라면 갈 생각도 하지 않았을 곳들을 가기 위해 일찍 일어나는 것부터, 모든 게 도전이었다. 그 시간을 잘 보낸 덕분에 부동산 지식도 얻고 집도 샀지만, 이보다 더 기억에 남는 건 따로 있다.

그때 임장을 다니면서 놀랐던 건 그 모임에 참여하는 사람들의 면모였다. 내 또래, 많아봤자 30대 중반인 사람들이 주말마다 임장을 다니고 있었다. 그중에는 고시원에서 월세로 살면서 자신 명의의 아파트를 세 채나 갖고 있는 사람도 있었다. 그때까진 난 건물주는 40대, 50대에나 될 수 있는 줄 알았다. 20대, 30대는 사회생활 시작한 지 얼마 되지 않았으니 당연히 돈도 없고, 돈이 없으니까 당연히 힘들고, 하지만 청춘이라서 나가서 놀아야 하고, 젊어서 고생은 사서 한다는 말에 반기를 들고, 지금 주어진 젊음을 누려야 했다.

하지만 임장 모임에서 만난 청춘은 달랐다. 그들이 보여준 청춘이란, 큰 에너지를 들이지 않고도 긍정 에너지가 많이 나오는 상태에 가까웠다. 교통비 아끼려고 30분 걸어 다니는 게 누구 눈에는 궁상맞아 보이기도 하지만, 그냥 그 시간을 자신이 좋아하는 노래로 채우며 '유산소도 하고 좋네~'라며 긍정으로 승화하는 게 그들의 젊음이었다. 주식 종목을 고를 때도 내가 좋아하는 기업을 선택하는 마음, 실패한 일에서도 얻을 것을 찾을 수 있는 태도, 잘될 거라는 믿음으로 뭐라도 시작하는 행동 등 큰 힘 들여서 애써 노력하지 않아도 그럴 수 있는 게 그들의 젊음이었다.

시간이 흐른 지금은 주식이 떨어지면 내 멘탈도 함께 흔들리곤 하지만 임장 모임에서의 그들을 떠올리며 마음을 다잡는다. 나는 젊다, 나는 청춘이다. 임장 모임을 통해 내가 얻은 건 부동산 지식, 내 집이 아니라 그간 사람들이 정해놓은 젊음, 청춘의 정의에 도전하고 진짜 젊음, 청춘을 누리고 활용할 수 있는 태도였다.

만나고 싶은 부류의 사람들이 있는데
현재 내 삶과 그들의 삶에
아무런 접점이 없어서 스치지도 못할 때
그때 돈을 써야 한다.

지금까지 자신이 몰랐던 것을 알았을 때, 알고 있던 것을 버리고
새로운 것을 받아들일 때는 놀랍기도 하고 힘들기도 하다. 어떤
기분이 들었든 결국 그걸 해냈다면 자신이 뿌듯하고
자랑스럽고, 그 과정이 평소 자신과는 달랐다면 블로그에든,
인스타그램에든, 유튜브에든 기록하면서 자연스럽게
소비자에서 생산자가 되었을 거다. 분야나 종류의 문제가
아니다. 자신의 뿌듯함이 포인트다.

돈을 내기 전과 후가 조금도 달라진 게 없다면, 그건 소비다.
미안하지만 그건 '경험이 돈이고 돈이 곧 경험이며, 돈이 돈을
만든다'는 사실과는 아무 관련이 없다. 시대를 탓하며
억울해할 것도, 연민에 빠질 일도 아니다. 오히려 경험과 소비를
너무나 쉽게 동일시하고 있는 것 아닌지 자신에게 물어볼
일이다.

'사서 고생? 고생을 왜 돈 주고 사요?'
바싹 늙은 기분이 든다면 고생한 것이고
전과 달라진 기분이 든다면 도전한 것이다.
도전을 사자.

모든 게 자극인 시대라 웬만한 걸로는 우리 모두 꿈쩍도 하지 않는다. 그럴 때 평소 자신과는 다른, 자신이 만날 수 없는 사람들이 있는 환경에 자신을 던지는 것도 방법이다. 끊임없이 자극을 주며 지금의 자신을 생각하게 하고 도전 의식을 불러일으키는 데는 사람만 한 게 없다. 경쟁이 아니라 배움이고, 자신의 평균과 기준을 찾는 일이기도 하다.

유료 임장 모임을 시작으로 프리랜서가 됐을 때도 프리랜서들이 모이는 곳을 찾아다녔다. 어떤 모임은 배울 점이 많았지만 그렇지 않은 모임도 많았다. 하지만 그렇지 않다는 것조차 그런 적이 있었다는 경험 덕분에 알 수 있었다. 아무 경험이 없었다면 좋고 나쁨조차 몰랐을 것이다. 그러니 일단 움직이자, 사람들 속으로. 돈을 주고서라도. 나중에는 돈을 주지 않아도 좋은 사람들과 함께 있는 자신을 발견할 수 있다.

'나대다'의
아주 순한 맛과
매운 맛 버전

○

나답게 일하고 돈 벌려면 '나서는 일', 흔한 말로 '나대는 일'은
매우매우 중요하다. 글이든 사진이든 말이든, 자신의 이야기를
이 세상에 선보이고 적극적으로 나서는 사람이 성취를 이룰
확률이 훨씬 높다. 나서는 일이 곧 기회를 찾아 나서고 붙잡는
것이기 때문이다. 기회를 줄 법한 사람에게 '이런 일을 하고
싶다' '저런 일을 하고 있다' '이런 일을 잘한다'라고 말하고,
보여줘야 한다. 엄청나고 화려한 발표 자료를 준비하라는 게
아니다.

'아, 그런 거 좋아하세요?
저도 예전에 그런 거 좋아해서 영상 제작한 적 있어요.
혹시 그런 일 또 있으면 연락 한번 주세요' 하면서
자연스럽게 대화하라는 이야기다.

주변 유튜버에게 유튜브 채널을 개설하고 해나가는 내용으로
수업하고 싶다고 말하고 다녔더니 온라인클래스를 운영하는
분이 유튜브 수업 보조 강사 자리를 제안했다. 그뿐이 아니다.
어피티UPPITY 대표님을 만나 당시의 다양한 고민과 내가 알고
있는 유튜브 세계에 대해 이야기 나눴을 뿐인데 생각지도
못했던 협업 제안을 받았다. 그게 과연 기회로 이어질까 싶을
정도로 지나가듯 말했던 것 같은데, 진짜 이어진다. 한 달 뒤,
6개월 뒤, 언제든 다시 일로 돌아온다. '김짠부니까 그게 되지'
한다면 김짠부도 처음부터 그랬던 건 아니라고 당당히 말할 수
있다.

1억은 1000만 원부터 모이나? 아니다.

1억도 100원, 1000원부터 모인다.

티끌 모아 흙무더기라는 공식은

나답게 일하는 데도 적용된다.

처음부터 유명하거나 일로 인정받는 사람은 없다.

내가 어떤 사람인지, 뭐 하는 사람인지,

뭐 하고 싶은 사람인지

사람들에게 차근차근 보여줘야 한다.

구독자수 3만~4만일 때 퍼스널 브랜딩 관련 강의를 들으면서 '이메일 주소 앞에 강연, 광고, 출연, 원고 청탁 등 자신이 할 수 있는 일과 문의 달라는 문구를 붙여라'는 조언을 받았다. '이게 뭐야, 그게 효과가 있어?' 의아했지만 진짜 놀랍고 웃기게도 '강연/광고/출연 문의'라는 말을 붙이자마자 문의가 왔다.

김짠부 첫 공중파 진출작(?!)이었던 MBC 〈생방송 오늘 아침〉 출연 문의도 그때 받았다. 그걸 기점으로 여러 채널과 방송에 출연하면서 실감한 건 '사람들은 정말 바쁘다.' 김짠부가 할지 안 할지 알아보고 문의하고, 답장도 기다리지 못할 만큼 바쁘다. 내 이메일 앞에 적은 '출연 문의'라는 안내는 그들의 에너지를 절약해주고, 많은 유튜버들 중에서도 김짠부를 선택하게 돕는 아주 쉬운 방법이었다.

문의가 오지 않는다면 먼저 제안해야 한다. 자신이 함께하고, 닮고 싶은 사람들이 모여 있는 곳에 출연을 제안하는 건 불특정 다수가 보는 방송이나 라디오에 나가는 것보다 더 쉽고 마음이 편하며 결과도 좋다. 평소 내가 즐겨보던 유튜브 채널 '신사임당'에 제안 메일을 보내고 출연했을 때가 그랬다. PPT는 아니었지만 PPT만큼이나 신경 써서, 신사임당 채널 영상의 썸네일을 분석해 내가 무슨 이야기를 하고 싶고 할 수 있는지 메일을 써서 보냈다. 이렇게 써놓고 보니 대단한 일을 한 것 같지만 평소 내가 보던 채널이었기 때문에 썸네일을 분석하는 것도, 내가 할 수 있는 이야기가 뭔지도 어렵지 않게 떠올릴 수 있었다. 그 결과는?! 2주 만에 답장이 왔고, 그토록 만나고 싶었던 신사임당 님과 이야기 나눌 수 있었다. 인터뷰 영상이 나간 후 구독자수 3만 명이 늘었던 건 안 비밀.

이제 제안을 받는 사람의 입장이 되어 보니 정말 이메일만 잘 써도 눈에 띈다. 의외로 이메일을 잘 쓰는 사람이 없기 때문이다. 대단한 걸 하라는 게 아니다. 인사, 짧은 소개, 본문, 마무리, 이름 순으로, 본문은 기승전결로, 그게 어렵다면 중요한 부분에 볼드 처리만 잘해줘도 눈에 띈다. 이메일 주소 앞에 '문의'라는 말을 써놓는 것만큼이나 메일을 좀 더 신경 써서 쓰는 것도 쉽고 효율적으로 나를 드러내고 알리는 방법이다. 나름 김짠부의 비결인데 너무 시시하다면(?!) 나서기의 매운 맛 버전 오프라인 강의를 추천한다. 누구는 태생부터, 누구는 팬데믹으로 인해 온라인 환경에 익숙해졌지만 오프라인 강의 시장은 엄연히 존재한다. 심지어 우리가 생각하는 것보다 크다.
문화센터, 신입사원을 대상으로 하는 강의, 재단에서 주관하는
강의, 중고등학생을 대상으로 하는 특강 등 종류도 많다.
사람을 만나면 충전되는 사람이라면 카메라 앞에서 혼자
떠드는 것보다 오프라인 강의가 나을 수도 있다. 오프라인 강의
시장에 한번 발을 들이면 그 시장에 소문이 돌고 돌아 또
불려나가기도 쉽다. 특히나 문화센터는 여러 지점이 있어, 한
지점에서 좋은 후기를 받으면 다른 지점에서도 연락이 온다.
나는 유튜브가 먼저 컸기 때문에 섭외를 받아 시작했지만 막상
들어와 보니 별천지다. '제이의 강사로운 삶'이라는 채널을
운영하는 제이 대표님에게 들은 바로는 강의 시장에도
에이전시라는 게 있다고 한다. 강의와 강사를 연결해주는
것이다. 옛날에 이걸 알았다면 내가 이런 유튜브 채널을
운영하고 있고 이런 걸 할 수 있다는 내용으로 포트폴리오를
만들어서 에이전시에 주욱 뿌렸을 것 같다. 할 수 있는 것부터
한다, 여기서도 예외는 아니다.
남 앞에선 모든 게 어렵게 느껴진다면 출발점을 나 자신에게
두고 시작하자. '내가 좋아하는 게 뭐지' '나는 언제 행복하지'

'내가 자주 보는 영상은 뭐지' 그 답이 속한 분야의 유튜버,
인플루언서, 온라인 카페나 커뮤니티 관계자에게 댓글,
다이렉트 메시지, 좋아요로 감사를 표하는 것이다. 덕질의 다른
말일 수도 있겠다.

내가 당신으로 인해 얼마나
행복해졌는지, 달라졌는지
고마운지, 응원하는지, 기대하는지
말하고 싶은 만큼 말하자.
사랑하면 닮는다고도 하고
닮은 사람에게 더 끌린다고도 하지 않나.
상대방도 나를 한 번 더 알아봐줄 것이다.

당신에게 응원받아서 지금의 김짠부가 있듯, 김짠부도 당신의
아이디를, 말투를, 활동을 오프라인에서 만나도 알아볼 것이다.
사…사…ㄹ…ㅇ… 응원한다는 말이다.

내 세계는
아직도
작다

○

유튜브를 벗어나 지상파 방송에 몇 번 출연한 적이 있다.
그때마다 유명세나 인기를 실감하기보다는 더 열심히
해야겠다고 다짐했다.

첫 방송 출연은 MBC 〈생방송 오늘 아침〉이었다. '짠테크의
귀재'로 소개되며 내 채널에서도 공개한 적 없는 필터 없는 민낯,
부모님 전원주택의 내 방 한 칸이 그대로 나왔다. 그 외에는 내
채널과 일상에서 늘 하던 이야기였다. 친구에게 얻은 화장품,

중고 판매나 나눔으로 얻은 물건들, 커피값을 아끼기 위해 기프티콘을 중고로 사고 현금영수증까지 받는 것, 앱의 만보기 기능을 이용해 포인트를 쌓는 방법… 명색이 방송인데 특별한 이야기를 해야 할 것 같은 걱정스런 마음에 많은 이야기를 했지만 방송에는 짠테크 중에서도, 기본 중에서도 기본이 소개된 셈이었다. 돌이켜보면 그날 함께 촬영한 리포터와 PD님도, KBS〈통합뉴스룸 이코노미 투데이〉등 그 후 출연한 방송에서도, 내가 걱정한 게 무색할 정도로 하나하나 놀라워했다.

그렇게 놀라워하는 모습을 마주할 때마다 내가 더 놀란다. 욜로 열풍이 물러가고 짠테크와 재테크 열풍이 불어왔다가 이젠 더 이상 열풍이 아닌 일상이 되었다고 생각했다. 영상 댓글로 '그걸 누가 모르냐'고 핀잔 주는 사람도 늘 있었고, 새로운 방법과 노하우를 공유해주는 사람은 더 많아졌다. 예상치 못한 어려움과 해결책도 쉽게 찾을 수 있었다. 그럼에도 아직 모르고 놀라워하는 사람이 있다니 당황스러운 것도 한두 번, 그게 현실이었다. 그들이 뒤처졌다는 게 아니라 내 세계가 얼마나 작은지, 얼마나 커질 수 있는지 생각하는 계기에 가까웠다.

자신이 잘하는 것, 좋아하는 것을 하면서 다른 사람에게도
알리라는 이유가 여기에 있다. 남들도 다 아는 거 아니냐며
뒤로 물러서는 사람에게 이 말을 꼭 해주고 싶다.
행동하지 않으면 아는 게 아니라고.

하면 좋다는 걸, 어떻게 해야 하는지도
알면서도 안 하고 있다면, 그건 아는 게 아니다.
그들이 행동할 때까지 알려주는 게 내가 할 수 있는 일이다.

오래 할 수 있는 방법이기도 하다. 그렇게 좋은 거면 너만 알지
왜 남에게 알려주려고 하냐는 질문의 답도 여기에 있다. 자신이
몸담고 있는 분야가 널리 알려져 사람들이 관심을 가지면 나를
불러주는 곳이 많아지고, 내가 할 수 있는 일도 늘어난다.
연장선에서 조금 다른 이야기를 덧붙이자면, 어느 분야에나
사기꾼은 있다고 한다. 자신이 좋아하는 분야에 사기꾼이
득세하는 것만큼 슬픈 일은 없지 않을까. 내가 있는, 모두가
피할 수 없는 재테크 분야를 보며 하는 말이다.

자신이 몸 담고 있는 분야에 애정이 있다면, 작게라도
시작해야 한다. 앞서 오프라인 강의 시장 진출을 '나대기'의
끝판왕이라고 말하긴 했지만, 꼭 그렇지 않을 수도 있다. 작게
시작하면 말이다. 적은 비용으로 인스타그램 광고를 돌려
자신의 강의를 알려보고, 사람들이 얼마나 모이는지, 내 강의를
들으러 온 사람은 어떤 사람인지 살펴보는 기회로 삼을 수 있다.
소수의 인원으로, 친구들과 수다 떠는 느낌으로 시작하면 된다.
자신은 너무 익숙해서 남들도 다 알 것이라 생각했던 게
얼마나 큰 착각이었는지 알 수 있다. 반대로 부족한 부분을
발견했다면 채워 넣으며 나아가면 된다. 적어도 강의를
준비하면서 관련 분야의 책이라도 한 번 더 펼쳐보거나 자신의
콘텐츠를 한 번 정리할 시간을 가질 수 있다.

작더라도 자신의 힘으로 이룰 때
앞으로 갈 방향에 대한 확신도 얻을 수 있다.
그 세계의 끝에 무엇이 있을지 무섭고 불안한 마음을
기대로 바꿔주는 건 작더라도 내가 직접 만드는 확신들이다.

적든 많은 사람들을 만나야 자신을 알 수 있다. 자신이 신동엽 스타일인지 유재석 스타일인지 말이다. 자기 일을 하다 보면 선택해야 하는 순간이 온다. 3만 원을 내는 100명의 사람을 모을지 30만 원을 내는 10명의 사람을 모을지. 대부분의 사람들은 후자를 선택한다. 3만 원보다 30만 원의 진입장벽이 더 높은 만큼 내 강의가 꼭 필요한 사람이나 30만 원어치의 의지를 가진 사람이 올 가능성이 높기 때문이다. 인원이 적으니 한 사람 한 사람을 살피기도 쉽고 그만큼 강의 후기도 훨씬 좋을 수 있다. 동물농장 아저씨 혹은 19금 이야기 잘하는 코미디언으로 마니아층 사이에서 굳건히 자리 잡은 신동엽처럼 자신의 성격과 실력을 확실하게 각인시키는 길이다. 자신이 담고 있는 분야가 그런 스타일의 사람을 더 원할 수도 있다.

적은 비용으로 고효율을 따지는 나도 30만 원 강의의 장점을 잘 알지만 의외로(?!) 3만 원의 강의를 택한다. 누구나 닿을 수 있는 거리에 있고 싶기 때문이다. 만인의 MC인 유재석처럼 다가가 말을 건네면 상대방도 자신의 이야기를 꺼내는 그런 사람이 되고 싶다. 45만 명이 김짠부 재테크 채널을 구독하고 있는 만큼 돈 공부를 시작하고 지금껏 잘하고 있는 사람이

많을 거라고 생각하다가도 막상 현장에 나가 보면 내 생각과
다른 경우가 많기 때문이다. 현장에서 만난 사람들 상당수가 돈
공부를 시작하지 않았거나 무엇부터 해야 할지 모르거나
안다고는 하지만 아직 시작하지 않은 상태였다. 당연하다.
5000만 인구에 비해 45만 명은 아주 적은 수니까. 갈 길이
먼 게 아니라 내가 수다 떨며 놀 곳이 더 많이 남았다고 여긴다.
나답게 더 오래 놀 수 있을 것 같아서, 신난다.

당신의 일을 성공시키기 위해 온 세상을 바꿀 필요는 없다. 단지 누군가의 세상을 바꾸기만 하면 된다.

_팻 플린 《슈퍼팬》(이영래, 알에이치코리아, 2021)

Part 4.

사람들 사이에서
더 나다워진다

_수요

자존심 :
남에게 굽히지 아니하고 자신의 품위를 스스로 지키는 마음

●
●
●

인간관계는 비즈니스다.

유무형의 무엇이든 주고받는 게 없다면 그 관계는 끝이다.

냉정하고 야박하게 들린다면

자신은 주는 것 없이 받기만 하고 있는지 생각해야 할 일이다.

내가
줄 수 있는 것부터
생각한다

○

오랫동안 비즈니스를 오해했다. 오해하고 있다는 사실도
일헥타르 님과 대화하면서 깨달았다. 그때 일헥타르 님은
"짠부 님에게 사업이란 뭐예요?"라고 물었다. '뭔가 찔리는
일'이라고 답했다. 마케팅에 속지 말고, 소비를 하더라도 생각을
좀 하고 돈 내야 한다고 항상 짠소리를 해왔던 내가 나 스스로를
마케팅하고 사업하는 데에서 이질감이 느껴졌다. 남의 돈을
갈취하는 것 같았고, 상대방에게 너무 미안한 일이었다. 유료
온라인클래스를 만들기에 앞서 수요 조사를 할 때도 그랬다.

사람들에게 알리고 일정 수 이상의 응원을 받아야 했지만, 홍보를 하나도 할 수 없었다. 사람들이 내게 13만 원을 쓴다는 게 너무 미안하고 죄스러웠다.

이런 나를 보고 일헥타르 님은 '교환'이라는 개념을 알려줬다.

"우리는 뭘 사는 게 아니라 교환하는 거예요. 내가 문제를 해결할 능력이 있다면, 그 능력을 전할 수 있다면 결국 그건 '교환'이에요."

나는 무슨 문제를 해결할 수 있는지 고민해야 하는데 엉뚱한 데 시간을 쓰고 있었던 거다. '사람들이 어떻게 생각할까' '욕하지 않을까' 하면서 말이다. 단순히 돈을 주고받는 게 아니라, 다른 사람이 뭘 원하는지가 아니라 내가 무엇을 줄 수 있는지, 어떤 문제를 해결해줄 수 있는지가 내가 몰랐던 핵심이었다.

철저하게 내가 줄 수 있는 것부터 생각하면
나에 대한 많은 것이 선명해진다.

사람들은 브랜디드 광고를 '받는다'는 입장으로 이해한다. 내가 콘텐츠를 올려 사람들을 많이 모으고 유명해지면 광고주가 찾아와 돈을 주고 광고를 맡기는 순서로 말이다. 그래서 유튜브를 시작한 사람은 '구독자 1000명, 시청 시간 4000시간 이상'을 1차 목표로 삼아 달린다. 의외로 쉽지 않은 목표라 그 숫자에 도달하지 못하거나 지치면 쉽게 포기하기도 한다. 유튜브뿐 아니라 다른 플랫폼을 사용하는 사람들도 마찬가지다. 각 플랫폼마다 '이 정도는 되어야 한다'는 특정 수준에 도달하기 위해 무리한다. 제한선을 맞췄는데도 광고가 오지 않으면 더 많은 사람을 모으기 위해 또 달린다. 그렇게 막연하게 달리기만 하면 금방 지치고 뿌듯 포인트도 찾기 어렵다. 광고를 받지 못하는 그때야말로 달리는 대신 내가 무엇을 줄 수 있는지, 지금보다 더 줄 수 있는 게 무엇인지 찾아야 할 때다. 내 이야기를 보러 오는 사람들에게 말이다.

브랜디드 광고를 하다 보면 의외로 맞춤형 광고가 적다. 불특정 다수에게 전달되는 TV 광고, 라디오 광고와는 다르게 브랜디드 광고는 적은 비용으로, 수는 적지만 상품 타깃은 분명한 고객에게 광고를 할 수 있다. 하지만 이를 활용하는 곳이 드물다. 대기업이 대행사에 브랜디드 광고 일을 맡기고 대행사가 인플루언서에게 주욱 뿌리고, 광고비를 조율하며 추리는 식이다. 대기업, 대행사에 다니며 그 일을 하는 사람들은 늘 너무 바쁘니 내가 대신 해주면 된다. 내 채널의 구독자수는 많지 않지만 특정 성향의 사람들이 확실히 모여 있다면 그들에게 줄 수 있는 것, 그들이 느끼는 문제를 해결할 수 있는 방향에서 필요한 물건이나 서비스의 광고를 먼저 제안하고 보여줄 수도 있는 거다.

자신이 사람들에게 주는 게 명확하다면 광고는 다양한 포인트에서 녹여낼 수 있다. 실제로 '이렇게도 할 수 있다고?!' 하고 놀란 적이 많은데 그중 기억에 남는 것은 어느 요리 유튜버의 광고 영상이다. 와플메이커로 다양한 요리를 만들어 보여주는데 정말 와플메이커를 살 뻔했다.
놀라운 점은 그 영상의 광고는 와플메이커가 아니라는 사실이다. 한 은행에서 계좌를 만들면 와플메이커를 선물로 주는 이벤트를 진행했다. 이 영상의 광고는 '이 은행에서 계좌

만드세요'였고, 광고 내용을 와플메이커로 풀었다는 기묘하고
창의적이고 지극히 현실적인 광고 세계의 이야기다. 요리 채널
구독자들에겐 와플메이커가 꼭 필요하고 그걸 얻을 수 있다면
계좌 하나 만드는 건 대수롭지 않은 일이다. 해당 채널은
구독자들에게 특별한 돈을 쓰지 않고도 와플메이커를 얻을 수
있는 기회를 제공했으니 서로 윈윈!

내 채널 사람들이 보기에 이 광고가 생뚱맞지 않고
그들도 필요하다고 느꼈다면
'광고인 줄 몰랐다'라는 말을 들을 거다.
욕하고 질투하는 사람은 어디에나 있기 마련이지만
그럼에도 모두가 욕한다면
내가, 내 채널이 어느 방향으로 가고 있는지
재정비하는 기회로 삼을 수 있다.
돈도 벌고 일석이조다. 안 할 이유가 없다.

자신만의 일을 하면 '이걸로 돈을 얼마나 벌 수 있을까' '어느 정도 해야 할까'를 자주 생각한다. 돈 벌려고 시작한 건 맞지만 그것만 생각하거나 그것부터 생각하면 갈 길이 너무 멀어 보인다. 일단 자신이 하고 싶은 이야기, 할 수 있는 이야기를 바탕으로 좋은 콘텐츠와 정보를 제공하는 데 집중해야 한다. 그렇게 하다 보면 자신에게, 자신의 콘텐츠를 보러 온 사람들에게 필요한 물건이나 서비스가 보일 것이고, 자신이 더 할 수 있는 일도 보인다. 이왕 내 일을 시작했으니 세상이 정한, 플랫폼이 정한 제한에 자신을 맞추기보다 자신이 할 수 있다고 생각하는 그 시간, 그 지점에서 비즈니스를 시작하자.

기회는 이마에 기회라고 쓰고 오지 않는다. 기회라는 녀석은 모두가 좋아하다 보니 부끄러움이 많다. 그래서 언제나 모습을 뚜렷하게 드러내지 않고 여기저기에 숨어 있다. 절대 우리 눈에 쉽게 보이는 형태로 돌아다니지 않는다. 모두에게 보이면 그것은 이미 기회가 아니다. 미국의 소설가 잭 런던은 이런 말을 남겼다. "영감이 떠오르길 기다려선 안 된다. 몽둥이를 들고 그걸 쫓아가야 한다."

_신영준, 주언규(신사임당) 《인생은 실전이다》 (상상스퀘어, 2021)

회사의 체계에
리듬을 부여하는
사람

○

프리랜서들이 걱정하고 고민하는 주제는 각자 다르겠지만,
김짠부의 경우 경험이 많지 않다는 것에 대한 공포(?!)가 가장
크다. 내 일이 잘 풀리지 않을 때면 다시 회사에 들어가야 하나,
스타트업 가고 싶은데 받아주려나, 나 뭐 할 수 있지 등 한 번
시작되면 잠도 못자게 하는 끝없는 생각의 흐름도 그 공포에서
나오는 것 같다. 그래서 회사에 다니는 분들만 만나면 어떻게든
하나라도 더 듣고, 나는… 반 개라도 더 말하려고 한다.
라디오에 초청받아 출연했다가 어피티 대표님을 한 번 더 만나

뵙고 싶다고 붙잡았던 것도 하나라도 더 배우기 위해서였다.
나는 유튜버로만 활동하고 있었다면 어피티는 유튜브도 하고
뉴스레터도 발행하면서 경제 콘텐츠로 더 넓게 활동하고 있었
다. 나의 콘텐츠를 어떻게 확장할 수 있을지 물어보고 이런저런
이야기를 들으면서 나도 저런이런 이야기를 해드렸다. 대표님만
계속 말하면 너무 목 아프실 테니까… 나보다 더 잘 아시겠지만
쫄지 않고, 그때 내가 관심 갖고 조사하던 오프라인 강의
시장에 대해서 조사한 만큼만이라도 이야기했다. 작고
소중하지만 탈탈 털어서 이야기했달까.

아는 걸 막(?!) 이야기하는 게 도움이 된다고 실감했던 건 그 후
어피티로부터 프로젝트 참여를 제안받았을 때였다. 어피티
대표님이 사무실에 가서 김짠부 만난 이야기를 했고 그
이야기를 들은 직원이 제안해서 성사된 프로젝트였다.
꿈에만 그리던 스타트업에서 일하는 건가 기뻤던 것도 잠시,
다시 직장 생활을 하는 건가 하는 현실 앞에 고민했다.
유튜브 하면서 나 한 달 먹고 살 수 있는데, 나인투식스
출퇴근하며 직장인의 삶을 살 수 있을까, 경험을 넓힐 좋은

기회잖아, "저 다시 회사 가도 될까요?" 만나는 사람마다 붙잡고
물어보고 찾아가서 물어보고 또 고민했다.

결과적으론 어피티에서 많이 배려해주고 서로 윈윈할 수 있는
법을 찾다가 주 2회 출근하고 한 번 만날 때마다 네다섯 시간
회의하되 각자 조사해야 할 것, 생각해야 할 것들을 준비해
오기로 합의하고 일할 수 있었다. 당시만 해도 긱워커라는
개념이 많이 없었는데 나도 모르게 긱워커의 세계로
뛰어들었다.

내가 생각한 것이 곧바로 콘텐츠로 직결되고, 그걸 다양한
관점으로 살펴보고, 최선의 것을 선택하고 실행에 옮기는 이
일련의 과정을 처음 겪어봤다. 아이디어 던지는 건 잘하지만
실행에 옮기지 못해 늘 자책했는데, 회사에서는 이런 과정으로
실행된다는 게 신기했다. 체계가 있다는 것, 그것처럼 멋있는 건
없었다. 착착착착, 내게 없는 착착착착 체계와 장점을 배웠다.
동시에 내 한계도 명확했다. 화기애애하게 회의해도 의견이
채택되지 않을 수 있고, 채택됐다 하더라도 실행하는 단계에서
달라지고 다시 조율하는 그 과정, 바로 그 멋진 체계 안에서

개인의 역할은 분명했고 한계도 있었다. 착착착착은 아니지만
혼자 샤샤샥 하던 그 리듬이 좋고 내게 더 맞다는 것을 알 수
있었다. 다음 번에 또 긱워커로 일할 기회를 만들 땐 좀 더 내가
할 수 있는 것들에 집중해 제안해야겠다고도 생각했다.

더 분명한 건 김짠부만의 특별한 경험이 아니라 확실히 세상이
변했다는 사실이다. 최근 어느 책에 추천사를 쓰면서 알게 된
프리랜서 편집자는 회사 없이 편집자의 일을 하고 있었다. 나를
만났을 때처럼 추천사를 제안하거나 마케팅 채널에 연락하면서
말이다.

정형화된 회사, 직원, 일에서 벗어날 필요가 있다.

자신이 하고 싶은 것을 정확히 알고

그걸 바탕으로 일하고, 회사와 협업하며

자신의 일을 하는 사람들이 늘고 있다.

회사는 나인투식스 근무시간을 채울 사람이 아니라

문제를 더 나은 방향으로

잘 해결해줄 사람을 찾고 있다.

자신이 어떤 문제를 해결할 수 있는 능력이 있다면 지금 다니는 회사 대표에게 긱워커 형식의 일도 충분히 제안해볼 수 있지 않을까. 지방에서 올라와 서울에 원룸을 구하는 것보다 내가 이 회사에 이런 제공할 수 있고, 줌으로도 충분히 가능하다는 걸 설득할 수 있다면 없던 직업도 만들 수 있을지 모른다.

어떤 경우든 가장 중요한 건 회사나 회사와의 협업을 목표로 둘 게 아니라 나다운 게 먼저라는 사실이다. 어디까지 나다워도 되냐면 빨간색 추리닝 입고, 생얼에 안경 쓰고, 쭈글쭈글 말해도 되는 정도?! 회사가 목표였다면 또박또박 말하고 멀끔하게 차려 입어야 했을 거다. 하지만 그러지 않았던 덕분에 2030이 어떻게 재테크하는지, 2030의 마음을 누구보다 잘 아는 사람이 필요할 때 사람들은 김짠부를 찾는다. 재테크 하나 하는데 할 게 왜 이리 많나 싶을 때도 있고, 당당하게 확신에 찬 모습으로 말하는 다른 유튜버들을 보며 난 왜 자신 있게 말하지 못하고 고민도 많을까 싶을 때도 있지만, 그것도 나고 그런 우리라서 또 나아갈 수 있는 것 같다. 평범해도, 나답다면 기회를 만들 수 있다.

우리가 하는 건 진짜 일입니다. 장식은 필요 없습니다. 무릎을 탁 치는 이야기에는 논리가 필요 없습니다. 멋지게 보고서 만드느라 힘 빼지 말고 진짜 중요한 일을 합시다.

_장인성 《마케터의 일》(북스톤, 2018)

MBTI 극P가
계획적으로
일하는 법

○

20대 중반이 다 될 때까지 별다른 목표를 정하지 않고 살았다.
정해봤자 못 이루고 실망만 하니까. 그렇게 흘러가는 대로 사는
삶을 살다가 내 집 마련을 목표로 짠테크를 하며 변했다고
생각했다. 과거와 다른 나로 변하기도 했고 세상은 늘 변하니까
그에 따라 사람도 변해야 한다는 입장이지만, 사람 쉽게 변하지
않는다는 걸 실감한다. 김짠부도 어떤 면에서는 하나도 변하지
않았기 때문이다.
프리랜서를 선언하며 회사 없이 혼자 일하는 순간부터 내 기상

시간은 망가지기 시작했다. 덩달아 수면시간도 망가졌다.

그뿐일까. 유튜브 촬영과 업로드 날도 들쭉날쭉했고, 미팅이 잡히면 미팅을 가고, 업로드일이 다가오면 어쩔 수 없이(?!) 촬영을 하는 나날이 계속 됐다. 그래도 불러주는 곳은 많아서 여러 일을 했고 김짠부라서 이곳저곳 불려 다니느라 김짠부 일을 못했다.

욜로족 출신인 만큼 '흘러가는 대로 사는 삶'이 처음도 아니었지만, 예전과는 또 달라 더 바쁘고 정신없었다. 살아가는 건지 죽어가는 건지 모를 지경이었다. 이렇게 살다가는 채널이 날아가지 않을까 불안해서 나름대로 투두리스트도 짜보고 계획과 관련된 책도 읽었다. 한창 유행했던 미라클 모닝 책을 읽으며 의욕 뿜뿜 채워 넣고, 일찍 자야 일찍 일어날 수 있다는 가르침에 일찍 자도, 아침에 침대에서 못 나오는 나를 보며 자책했다. 노력하면 할수록 자책만 더 늘었다. '이렇게 했는데도 안 되네' '결국 나는 안 되네'라는 생각이 들었다.

그 와중에도 열심히 사람 만나 틈틈이 신세한탄도 늘어놓았는지 누군가 내게 협업과 위임이라는 힌트를 줬다.

너무 많은 사람에게 신세한탄을 하고 다녀서 누가
말해주셨는지는 모르겠지만 너무 감사합니다. 혼자서 다
해내려고 하지 말고 나는 내가 잘하는 것만 할 수 있는 환경을
만들라는 말에 시작점을 바꿨다. 나를 바꾸는 대신 내가 갖지
못한 강점을 갖고 있는 사람을 찾는 것으로. 그때 생각난
사람이 바로 데일희 님이었다.

그는 내가 운영하는 온라인 카페 '김짠부의 머니메이트'의
스태프 중 한 명이다. 총 네 명의 스태프가 나를 도와주고
있었고 모두들 너무 잘해줬지만, 데일희 님은 좀 달랐다. 내게
'이런 건 어떨까요' 하며 다양한 이벤트를 제안하기도 했고, 내가
힘들어하는 부분을 정확히 알고 그 부분을 딱 채워주었다. 어쩜
이런 사람이 내 곁에 있는지 하늘에 대고 절이라도 하고 싶었다.
더 다행인 건 내가 단순히 운이 좋았던 게 아니라 우리의
시너지에는 논리적이고 합당한 근거가 있다는 사실이었다. 내가
MBTI 극 P형(즉흥)이라면 그는 극 J형(계획)이었다. 내 기분 탓이
아니라 갤럽 강점검사도 증명해주었다. 나의 강점이 '공감 / 행동
/ 긍정 / 개발 / 최상화 / 개별화 / 사교성 / 커뮤 / 적응 /

미래지향' 순인데, 그는 '전략 / 개별화 / 긍정 / 배움 / 사교성 /
수집 / 복구 / 커뮤 / 발상 / 최상화'였다. 내겐 전혀 없는 것을
그가 갖고 있었다. 그에게 손을 내밀 이유는 충분했다.
내가 큰 그림을 그리면 그가 세부적인 계획안이나 투두리스트
등을 만들며 관리해주었다. 그 역할을 넘어 체계 없는 내게 체계
도 만들어주었다. 내게 딱 어울리는 노션 탬플릿을 만들어주고,
아이디어가 어떻게 기획이 되고, 어떤 계획을 세워야 실행할 수
있는지 '체계'라는 그 막연한 말을 완벽히 시각화해서 보여줬다.
그런 그를 보며 나는 판을 깔아주면 상상했던 것 이상으로
누구보다 잘 뛰어놀 수 있는 사람인 것도 알았다.

그를 만나기 전에는 나와 비슷한 사람과 일해야 한다고
생각했다. 생각이 비슷하고, 공감할 수 있고, 함께 웃을 수 있고,
놀듯이 일하는 그런 환경을 막연히 꿈꿨던 것 같다. 지금은,
나 같은 사람이 하나 더 있다?! 상상하고 싶지 않다.
내가 못하는 게 있으면 다른 사람의 힘을 빌리면 된다. 남을 못
믿어서 아등바등 다 껴안고 불안해하다 할 일을 해내지
못한다면 남 핑계를 댈 게 아니라 자신에게 물어야 한다. 자신이

못한다는 걸 왜 인정하지 못하는지, 노력하면 해낼 수는 있는지, 내가 못하는 일에 '다른 사람과의 협업'도 추가하고 싶은지 말이다. 다른 사람이 편집하다가 내 말이 왜곡되거나 오해를 불러일으킬까 봐 절대 못 맡겼던 영상 편집도 여러 PD분과 협업해보고 맞춰가며 자리를 잡아가고 있다. 내가 못하는 부분뿐 아니라 할 수 있는 것도 더 잘하는 사람에게 맡기면, 나도 더 잘하는 일을 더 많이 하며 성장할 수 있다고 믿는다.

뭐든 잘하고 싶은 마음

나도 잘할 수 있다는 마음, 변해야 한다는 마음

변했으니까 또 한 번 변할 수 있다는 마음…

나를 성장시켰던 그 마음들이 나를 가로막을 때

더 힘을 내기보다는 잘하는 것에 더 집중해야 한다.

약점을 보완하면 잘할 수는 있겠지만

그 시간에 강점을 강화하면

더 잘해낼 수 있는 게 있다.

어딜 가나 무엇이든 잘하는 사람이 너무 많은 요즘

두루 잘하는 것보다 내 강점으로 나다운 게 더

가치 있는 성장일지도 모른다.

잘나가기보단
나답고 싶어서,
하지 않을 용기

○

"사람들은 남한테 관심 없어요, 흥미만 있지."

tvN 드라마 〈굿와이프〉에서 배우 전도연 님이 한 대사라고
한다. 내 삶을 드러낸 대가로 모르는 사람들로부터
이러쿵저러쿵 말을 들어야 할 때, 그런 상황이 두려워 아무것도
하지 못하는 사람을 만났을 때, 김짠부는 그런 상황이 두렵지
않냐는 질문을 받았을 때 이 대사를 떠올린다. 연예인은
아니지만, 유명해지기만 하면 소원이 없겠다고 생각했는데 정작

유명해지니(?!) 보이기 시작한 게 바로 관심과 흥미의 차이였다.
이 둘을 구분하는 게 나를 위해서도, 일을 위해서도, 미래를
위해서도 가장 중요하달까?!
퇴사, 이직, 프리랜서 선언 등 '나답게 일한다'는 포부를 가지고
시작했든 아니든, 돈 앞에 사람 욕심은 끝이 없다. 그리고 같은
실수를 반복한다. 나 역시 한 달에 월급만큼만 벌어도 소원이
없겠다고 생각했고, 그걸 이루니 한 달에 1000만 원만(?!) 벌고
싶었다. 돈 되는 일, 유명해지는 일, 인사이트를 얻는 일 등
제안받는 일을 살펴보면 다 흥미롭고, 해야 할 이유도 꼭
한 가지씩은 있었다. 그 이유를 더 크게 부풀려 자기합리화를
시작하기 전에 용기를 내야 한다. 하지 않을 용기. 용기까지 내야
할 일이냐 싶겠지만 용기라고 생각해야 결단할 수 있다.

관심은 '어떤 것에 마음이 끌려 주의를 기울임'이고
흥미는 '흥을 느끼는 재미'다.
나를 향한 관심과 흥미
내가 가진 관심과 흥미를 구분하고
흥미는 단호하게 거절할 용기를 가질 때 나다워질 수 있다.

일주일에 약 20~30건의 출연과 미팅, 광고 제안이 온다. 그중 자본이 많은 곳은 부르는 값도 엄청나다. 코인, 분양, LH 광고는 큰돈을 받을 수 있었지만 고민하지 않고 거절했다. 그건 아니라고 이야기해왔고 누가 봐도 김짠부와 어울리지 않았다.

그렇다면 태블릿PC 광고는?! 내가 모델이 되어 촬영한 2분짜리 광고 영상을 아무 설명 없이 내 채널에 올리는 조건으로 엄청 큰 금액을 제시받았다. 내가 쓸 것 같기도 하고 안 쓸 것 같기도 하고, 흥미롭기도 한 태블릿PC를 생각하며 3일 넘게 고민하다 결국 거절했다. 그런 거 하려고 유튜브 하는 거 아닌가, 구독자들도 그런 생리는 이해하고 있지 않나 생각하지 않았던 건 아니다. 하지만 아무 설명 없이 2분짜리 광고 영상이 올라오면 구독자를 기만하는 것 같았다.

유료 온라인클래스도 그랬다. 제안을 받았을 때 흥미롭긴 했지만 내가 그곳에서 강의하는 모습을 상상하거나 관심을 갖고 주의 깊게 봐왔던 것은 아니었다. 남들도 다 하는데 내가 안 하면 뒤처져 보이지는 않을까, 어떤 내용으로 강의해야 강의료 값어치를 할까, 고민하다 또 결국 하지 않기로 했다. 남들 다 한다는 이유로 내 능력치 이상의 강의 콘텐츠를 맡았다면 그걸 해내겠다고 스트레스는 스트레스대로 받고 강의 질은 질대로 낮아 또 자책했을 거다. 포기하느라 조금 고통스러웠을지언정 정말 후회는 하지 않는다.

나의 현재 레벨보다 더 큰 레벨의 돈을 받는 것이
나를 망칠 것이라고 생각한다.
나는 지금 내게 맞는 선택을 했을 뿐이다.

남들에게는 좋은 제안이더라도
나에게 꺼림칙한 제안일 수 있다.
누구에게나 좋은 제안이더라도
내가 감당할 수 없는 제안일 수도 있다.
다른 사람들이 흥미로워하니까,
나도 흥미로운 것 같아서 덥석덥석 받다 보면
정말 관심 있는 일을 놓칠 수도 있다.
세상에 흥미로운 게 얼마나 많은데
그 모든 것을 다 하며 살 수 없다는 것도
명심해야 할 현실이다.

더 지나봐야 알겠지만 내게 관심이 있는 사람은 다시
연락해온다. 내가 나다움을 유지하면서 더 레벨 업하고
성장하는 모습을 지켜보고 있다가 다시 제안한다. 그렇게 내게
관심을 갖고 지켜보고 있었다는 사실에 감사하고, 그 관심에
힘입어 나아가는 데 집중할 수 있게 되었다. 그렇지 않은 제안은
그냥 내게 흥미만 있었구나 하고 의연하게 넘기고 있다.

워런 버핏의 전용기 조종사 마이클 플린트가 버핏에게 이렇게
물었다고 한다. "어떻게 하면 인생에서 성공을 이룰 수 있나요?"
버핏은 그에게 일생 동안 이루고 싶은 목표 스물다섯 개를
작성하라고 했다. 작성을 마친 플린트에게 버핏은 이렇게
말했다. "중요하다고 생각하는 다섯 개의 목표에 동그라미를
치고 그 목표를 달성하기까지 나머지는 쳐다도 보지 말게.
그 스무 개는 자네가 어떻게든 피해야 할 목록이네."
집중해야 할 다섯 개와 집중하지 말아야 할 스무 개를 아는 것.
스무 개에 속하는 흥미로운 일에 흔들리고 고민하는 대신
다섯 개 중 하나에 관심과 집중을 기울여야 한다.
이렇게 말하는 나도 늘 어렵다. 스물다섯 개 다 할 수 있을 것

같은 생각이 들기 때문이다. 그럼에도 선택해야 한다. 그럴 때 이
말이 도움이 될 것이다.

70억 인구 중에 하나뿐인 삶인데
굳이 남들 다 하는 거 해야 해?
내 것을 하자.
리미티드 에디션답게.

"그 사람 그거 하나는 잘하지"라고 각인시켜야 한다. 그 '하나'에 도움되는 것이라면 알리고, 그렇지 않으면 굳이 알리지 않는 것이 브랜딩 전략이다. 그래야 심플한 브랜드 이미지를 유지할 수 있다. '하지 않기'와 '알리지 않기' 원칙만 지킨다면 그 외의 not to do는 세우기 나름이다. 처음 세울 때 그것은 제약이지만, 엄청난 자유를 만들어 낼 수 있다. not to do를 뒤집어 생각해 보자. 하지 않기로 정한 것만 빼고 모든 걸 다 해도 된다는 뜻이다. _김키미 《나는 오늘부터 브랜드가 되기로 했다》 (웨일북, 2021)

Part 5.

내가 멀리 가고 싶어서
함께 간다

_ 교환

자존감 :
자신에 대한 존엄성이 타인들의 외적인 인정이나 칭찬에 의한
것이 아니라 자신 내부의 성숙된 사고와 가치에 의해 얻어지는
개인의 의식을 말한다.

●
●
●

인간관계는 비즈니스지만
결국 사람의 일이라 완벽한 교환 대신
합리적인 교환을 추구하기도 한다.
이 세상에 존재한다는 것만으로도 고마운 사람이 있다는 게
그 증거다.

경쟁 유튜버들이
많아졌으면
좋겠다

○

김짠부 재테크 채널에는 안 올라오지만, 내가 재테크만큼이나
열심히 응원하고 부추기는 게 하나 있다. 바로 유튜버 되기!
온라인클래스인 언노마드스쿨에서 '나도 유튜버다'라는
이름으로 약 1년간 유튜버 되는 데 필요한 내용을 알려주고,
과제를 피드백해줬다. 남양주고등학교에선 유튜버로서 직업인
특강에 두 차례나 초대됐다. 누군가의 진로를 바꿀 수도 있다는
책임감으로 정말 열심히 준비했다. 다행히 학생들의 후기도
좋았다고 한다. 그래서 말인데 '유튜버 되기' 주제로 불러만

주신다면 어디든 가고 싶습니다!

목표를 시각화하는 게 중요하다는 말을 자주 한다. 부자가 되고
싶다는 막연한 목표보다 자신이 생각하는 부자는 어디서 자고,
먹고, 놀고, 쉬고, 일하는지 보고 그것들을 시각화하며
디테일하게 꿈꾸라는 것. 그리고 난 그것을 위해 재무 목표를
세우고 짠테크를 했었다.

그렇다면 나답게 살고 싶다는 더 막연한 목표는 어떻게
시각화할 수 있을까. 정답은 없지만 나다움은 완성이 아니라
과정이라고 보는 사람으로서, 가장 나다운 말과 내용을
드러내고 다른 사람들의 관심이나 지지, 응원을 받는 거라고
생각한다. 그걸 시각화한 게 콘텐츠 개수, 댓글 개수, 댓글에
응답하는 대댓글 수 등 숫자와 관련된 목표 아닐까. 어렸을 적
피아노 학원에서 한 번 연습할 때마다 동그라미 개수를
지워나갔던 것처럼 눈에 보이는 숫자 말이다.

재무 목표든, 자신이 정한 어떤 숫자든
결국은 스스로에게 한 약속을 지키는 일이다.
자신과의 약속을 지키는 사람은
성공할 수밖에 없다.

조회수의 노예들이 모여 있는 곳이라곤 하지만 유튜브는 내가
보고 듣고 쓰는 플랫폼 중에 가장 정직한 것 같다. 유튜브
스튜디오에서 제공하는 분석 탭을 100% 활용하는 사람을 못
봤다. 그만큼 방대하고 체계적으로 제공한다.
알고리즘도 공평하다. 어떤 원리로 돌아가는지는 정확히
알려져 있지 않으나 경험상 썸네일 그리고 시청 지속시간을
충족하면 알고리즘의 선택을 받는 것 같다. 확실한 건
구독자수가 많거나 유명인이라는 이유만으로 조회수가 더 잘
나오진 않는다는 것. 좋은 영상, 좋은 콘텐츠라면 조회수와
알고리즘이 보답해준다고, 자주 위안한다.

유튜브의 이런 특성 덕분에 더 많은 기회가 있다. 적은 비용으로
더 많은 사람에게 닿을 수 있다. 잠실경기장 최대 수용 인원은
10만 명, 내 유튜브 영상 하나의 최대 조회수는 200만이다.
10만보다 200만 안에 더 다양한 사람들이 있을 가능성이 높다.
내게 광고를 줄 사람, 협업하고 싶은 사람, 강연을 요청하고 싶은
사람, 기사거리가 필요한 사람 등이 연락해온다. 동일한 주제를
다루는 유튜버가 많아지면 상대적으로 내 콘텐츠를 볼 사람은

없어지지 않냐는 것도 오해다. 사람들의 관심사가 커질수록 대세가 되고, 대세가 되면 관심 없던 사람들도 관심을 갖기 시작한다. 대표적으로 나의 주제인 재테크가 그렇다. 많은 사람들은 관심 있는 주제일수록 더 여러 시각을 접하려고 하기 때문에 더 많은 영상을 본다. 잠실경기장, 월드컵경기장, 부산 사직구장을 오가야 한다면 당연히 하나를 선택해야겠지만, 우리가 있는 곳은 유튜브다.

유튜버가 유튜브를 이야기하는 건 시시하니 다른 플랫폼인 클럽하우스를 꼭 짚고 싶다. 지금은 인기가 시들하지만 처음 한국에 나왔을 때는 새 플랫폼에서 인플루언서로 거듭나기 위한 경쟁과 재미가 치열했던 것으로 기억한다. 그 흐름에 편승해 정신없는 며칠을 보내면서 만세를 불렀다. 친구들과 수다하는 내용도 충분히 콘텐츠가 될 수 있다는 걸 또 한 번 확인했기 때문이다. 제일 재밌었던 방 이름이 '내가 키우는 고양이 뒷담화하기'였다. 그 방에 있던 사람들이 유튜브 촬영용 카메라 앞에 서서 고양이 뒷담화를 해줬다면 바로 좋아요, 구독, 알림 설정하고 나만 뒷담화할 고양이 없는 랜선 집사라고 댓글로 하소연했을 것 같다. 그때 클럽하우스에서 마이크 좀 잡아봤다 하는 사람이라면 당장 핸드폰 카메라를 켜고 말하는 게 어렵지 않을 것이다. 기회는 이미 당신에게 와 있다.

유튜버 되기를 주제로 강연할 때도 수다부터 시작힌다. '김짠부 재테크 채널에 별거 없던데?' 맞아요. '와 45만 유튜버다'라며 나를 우러러보지 말고, '회사 안 다니고도 돈 많이 번대'라며 부러워하지도 마세요. 그냥 옆집 언니가 커피 한 잔 사준다는 느낌으로 들으세요. 내 감대로 시작해서 감대로 온 그대로를 이야기한다. '짠순이, 짠돌이의 놀이터를 만들고 싶어'라는 생각으로 유튜브를 시작했다고 말이다. 나 같은 사람들이 모였으면 하는 마음으로 있었더니 정말 ENFP일 것 같은 사람들이 모였다. 댓글을 달 때도 '잘 보고 가요'보다는 '잘 보고 가요 짠부 님♥' 하며 이모티콘을 잔뜩 넣는다. 온라인상이지만 진짜 같은 공간에서 놀고 있는 것 같다. 내 놀이터를 만들고 거기에 누가 모였으면 좋겠는지 생각해보고 그 놀이터에 내가 먼저 뛰어들면 된다.

놀이터라는 말도 《마케팅이다》(세스 고딘 저, 쌤앤파커스)라는 책에 나온다는 걸 나중에 알았지만 강의할 땐 일부러라도 퍼스널 브랜딩 유튜브 생태계, 온라인의 미래 등 대세 인싸들이 사용하는 단어, 너무 전문적이라서 때론 아싸들의 단어로 느껴지는 어려운 단어를 말하지 않는다.

이 세상에 천재가 너무 많아서 모두가 주저한다는 것을 알기 때문이다. 천재가 아니라서 자신이 싫을 때도 있겠지만 천재가 아니라서 기회가 있는 곳이 바로 유튜브 세상이기도 하다. 여기선 자신이 가진 평범함이 곧 특별함이다.

유튜브 세상, 레드오션이라고 한다. 맞는 말이기도 한데 솔직히 나는 레드오션이려면 카카오톡 정도는 돼야 한다고 생각한다. 카페에 가도, 식당에 가도, 어딜 가도 모두가 카톡은 하니까. 하지만 그만큼의 사람이 자신의 유튜브 채널을 만들고 하고 있을까? 지니기는 사람 붙잡고 '혹시 유튜브 하세요?'라고 물어보면 아니라고 답할 확률이 90%일 거다. 그렇게 생각하면 유튜브 세상은… 레드오션 아닌데?!

그래도 레드오션이라고 하니까 덧붙이면, 사실 인스타그램도, 블로그도, 카페 창업도, 치킨집 창업도, 태어난 것도 레드오션이다.

레드오션인 세상에서 유일한 차별점은
'내가 한다'는 것뿐이다. 그러니 자신이 갖고 있는
아주 조그마한 정보, 단 1%라도 더 아는 정보,
나도 초보지만 왕초보를 가르칠 수 있을 정도의
내 말이 있어야 한다. 같은 말도 아 다르고
어 다르다고, 자신만의 말투, 톤, 분위기, 유머 감각,
텐션 등에 따라 더 잘 이해하기도 못하기도 하는 게
사람 일이니까. 특별할 것 없이 나답게, 하면 된다.

나는
누군가의
좋은 운이 되고 싶다

○

'50대 아줌마예요~ 어릴 때부터 일만 하느라 재테크 몰랐는데
운 좋게 짠부 님 알게 됐어요 유튜브가 좋네요 나도 부자 될
기회가 있을까요 항상 긍정 기운 받으며~ 잘 보고 있어요~'

김짠부 재테크를 시작할 때 예상 구독자는 명확했다.
2030 여성. 좀 더 정확히 말하자면 '돈 쓰는 게 딱히 행복하진
않은데 친구들이 다 그렇게 쓰고 사니까 본인도 똑같이
명품가방을 검색하는 20대 중후반 여성'과 '재테크에 막 관심을

갖는 30대 초반 여성'이었다. 2030 여성 중에서도 딱 나 같은 사람만 모으자고 생각했는데 지금은 그 연령대를 넘어 50대, 60대의 비중도 많다. 몸이 아프거나 가족 빚을 갚는다든가 전쟁, IMF 등 내가 겪지 않았고 감히 상상도 할 수 없는 삶을 살아온 구독자들의 이야기를 읽다 보면 부끄러워질 때가 많다. 그럼에도 핑계 대지 않고 김짠부 덕분에 짠테크한다는 그들로부터 과분한 마음을 받으며 난 정말 운이 좋은 사람이라고 생각한다.

운이 좋다고 생각하는 딱 그만큼 운이 나쁠까 봐 두렵기도 하다. 여전히 사람들이 욕할까 봐 무섭고, 안일한 행동으로 추락하는 사람을 보기도 해서 더 무섭다. 옛날에는 괜찮았던 일이 요즘 기준에 맞지 않는 경우도 보면서 나는 어느 부분에서 시대의 흐름에 뒤처지고 있는지 초조하기도 하다. 사람들의 이야기를 들어야만 하는 게 프리랜서, 유튜버의 삶이라 시대를 읽는 건 당연하지만 피곤할 때도 있고 맞게 읽고 있는 건지 갑갑할 때도 있다. 정답이 없는 일이라 좀 더 다방면으로 생각하고 돌봐야 하는데 내게 그런 머리가 있는지도 모르겠다.

다행인 건 이런 시대라서 그 갑갑함도 쉽게 해소할 수 있다는
사실이다. 많은 사람들이 자신의 시행착오와 인사이트를
유튜브에, 그것도 무료로 공유해주고 있다. '추락할지도 모른다'
는 막연한 불안감에 오돌오돌 떠는 내게 짠터뷰에도
출연하시고 아울디자인이라는 인테리어 회사와 유튜브 채널을
운영하는 대표님이 말씀하셨다. 자신의 레벨과 실력으로
채워지면 절대 밑으로 안 내려간다고, 가고 싶어도 못 간다고
말이다. 레벨과 실력… 그게 어렵고 힘들다고요! 항의하고
싶었지만 1cm의 차이, 1cm의 디테일을 강조하며
업그레이드해오신 그분의 삶을 듣고는 입 다물기로 했다.

1cm의 차이와 디테일이 별거 아니었던 시대를 지나

그것이야말로 매우 중요하다고 인정해주는 곳이

바로 요즘 시대다.

물건 하나 살 때 유튜브에 검색하고 여러 영상을 보며 정보를 얻고 내게 가장 적합한 물건을 찾아내는 것처럼 나다움을 찾는 데 도움을 주는 것, 지금 할 수 있는 일을 더 버는 일로 바꾸는 법, 내가 모르는 걸 알려주는 영상을 찾아보면 된다. 방법도, 알려주는 사람도 많다. 안목이나 취향처럼 스스로 오랜 시간 고민해야만 얻을 수 있는 주제도 그 시행착오를 알려주고 겪지 않게끔 도와주는 영상이 많다. 돈을 내면 내 멱살을 잡아 끌고 가줄 사람들도 있다. 좋은 환경이라는 건 부인할 수 없는, 분명한 사실이다.

이런 환경을 잘 활용하는 사람, 낭비하는 사람으로 나뉘는 건 결국 선택의 문제이지 않을까. 힘든 면도 있는 시대지만 그렇다고 과거로 돌아가라고 하면 돌아갈 건가? 돌아갈 수나 있나? 돌아가고 싶나? 아닐 거다. 각자 나다운 모습을 찾고 부족한 건 다른 사람의 것을 빌리고, 내게 맞는 방법을 선택하는 게 더 현명하다.
내 유튜브 채널을 발견해 운이 좋았다는 50대 구독자 분도 사실 선택했을 뿐이다. 재테크를 하기로, 부자가 되기로. 말

그대로 운이 좋은 사람은 선택받은 나일지도 모르겠다.
유튜브를 할 수 있는 이런 사회에 사는 것도 그런 분들이
열심히 일해 일궈주셨기 때문이니까. 운 좋게 기회가 많은
환경에서 살고 있는데, 운 나쁘게 성공하지 못하고 있다면
성공 확률을 높이기 위해 지금 난 뭘 하고 있는지 봐야 한다.
결국 또 노력하라는 이야기인가 싶지만 운이 좋다 나쁘다
따지는 것보다 운은 운에게 나는 나에게 맡기는 게 낫다. 내가
어찌할 수 없는 것에 전전긍긍하는 시간에 뭐라도 하면 뭐라도
일궈낼 수 있다.

내가 누군가의 삶을 참조하고 나아갔던 것처럼
누군가가 내 삶을 보고 더 나은 삶을 살아갈 수도
있다. 그때가 오면 우리 모두 모여 운이 좋았다고
호들갑 한번 떨고 싶습니다.

워라밸보다
좋아하는 일들의
균형을 맞춘다

○

나의 삶이 곧 일이자 콘텐츠이자 파이프라인이자 본업이자

삶이자… 뭐, 그렇다. 이렇게 사는 사람들은 언제 쉬냐고요?

저도 묻고 싶습니다만. 사실 내가 엄청 열심히 사는 것 같지도

않아서 감히 쉼에 대해 답할 수는 없다. 하지만 워라밸Work-Life

Balance에 집착하던 사람이 워라블Work-Life Blending을 거쳐

일부러라도 취미를 가져야 한다고 주장하게 된 과정은 있다.

회사를 다닐 때만 해도 난 워라밸의 화신이었다. 왕복 네 시간을

출퇴근 길에 쓰고, 회사일 하며 근무 시간을 쓰고, 더

벌겠다고 주말 특근을 자처하며 나갈 때도 워라밸에 집착했다. 워크에 이만큼 시간을 쓰니까 '작고 소중한 내 라이프 시간을 단 1분이라도 놓치지 않겠다!'는 마음이었다. 근데 그렇게 집착하며 아등바등 챙긴 라이프 시간에는… 잠을 잤다. 물론 잘 자는 게 제일 중요하다. 하지만 집에서도 자고, 출퇴근길 버스에서도 적극적으로 자고, 시간만 나면 누워 자겠다고 하는 건 누가 봐도 서글픈 현대인의 초상이지 김짠부만의 초상은 아니다. 다행히 유튜브라는 세계를 만나 라이프를 점점 빨갛게 물들였지만, 그때도 워라밸에 집착하는 건 마찬가지였다.

워크는 회사일이고! 라이프는 유튜브니까! 회사일은 정해진 시간에 따박따박 나가서 일해야 하고 내 라이프인 유튜브를 하기 위해서 출퇴근 시간 광역버스 안에서 눈이 빠져라 휴대폰으로 영상 편집을 했다.

자의반 타의반으로 회사를 관두면서 비로소 워라밸에 대한 집착을 내려놓을 수 있었다. 자의반 타의반으로 유튜브가 워크이자 라이프가 되었기 때문이다. 진짜 즐겁기도 했다.

인터뷰를 할 때면 "짠부 님은 취미가 뭐예요?"라는 질문을 자주 받았는데 그때마다 뇌가 잠깐씩 멈췄다. 어느 날은 1만보 걷기가 취미였다가 어느 날은 가계부 쓰기, 부동산에 관심을 기울일 때는 부동산 공부가 취미였다. 하고 싶은 일을 하니까 일이 곧 취미일 만큼 즐거웠다.

나도 사람인지라 '언제 쉬지'라는 생각이 들 때도 '최고의 휴식은 하고자 하는 일이 잘돼서 보람을 느끼는 그 순간'이라는 내용의 인터뷰, 책들을 보며 아주 공감했다. 지금도 공감한다. 궁금해하고 물어보고 움직이고 작더라고 무언가를 성취했을 때 휴식할 때만큼이나 즐거울 수 있다. 마음 맞는 사람, 존경하는 사람과 일에 대한 고민을 나누는 것만으로도 마음 편해질 때도 있다.

좋아하던 일이 돈 버는 일이 되면 예전만큼 좋아할 수 없다고들 말한다. 일을 좋아한다고 말하면 거짓말이라고 하거나 이상하게 보거나 저 사람 저러다 큰일난다고 걱정하기도 한다. 진심으로 걱정해주신 분들께는 감사하지만 대부분 사람들은 남에게 큰 관심 없다는 사실로 미루어볼 때 걱정을 가장한 질투인 적도 많았다. 자신이 하고 싶은 걸 찾지 못했거나 하지 못하거나 그런 삶을 사는 사람들이 자신도 모르게 부러워서 말이다. 누가 봐도 일 좋아하는 게 맞는데 좋아한다고 말하지 못하는 사람도 있었을 거다. 워크와 라이프의 균형을 잡는 게 사회적으로 괜찮은 것으로 여겨지기도 했고 말이다. 워라밸도 자신이 하고 싶은 것이라기보다 남들에게 보여주고 말하기에 그럴듯해 보이는 것 같달까. 다행히 워라밸 이후 워라클Work-Life Circle, 워케이션Workcation, work+vacation 등 일과 삶의 순환, 원하는 곳에서 일과 휴가를 동시에 한다는 등의 여러 말들이 나왔지만… 워크와 라이프를 꼭 그렇게 나눠야 하는지에 대한 의문은 여전하다.

굳이 나눠야 한다면 라이프 안에 워크가 포함되는 게 맞다. 라이프라는 식탁에 좋아하는 반찬을 놓는 거랄까. 예전에는 일이라는 원팬푸드만 놓았다면 지금은 일만큼이나 중요한 가족이라는 반찬을 추가했다. 그러다 보니 그 반찬에 필요한 소스처럼 취미도 따라왔다.

누가 취미가 뭐냐고 물으면 이젠 골프라고 대답한다. 골프는 비싼 취미라는 생각에 아빠한테도 '절대 골프 배우지 마!' 했던 불효녀(?!)였는데, 골프 레슨권을 선물로 드리자 너무 좋아하는 아빠의 모습이 잊히지 않았다. 직장 동료들과의 첫 라운딩에 97타를 기록한 아빠는, 누군가의 말에 의하면 골프 신동이라나. 나이 53세에 딱 맞는 취미를 발견하다니, 괜히 미안해졌다. 가족과 함께할 수 있는 취미를 갖고 있으면 더 좋을 것 같아서 아빠를 시작으로 온 가족이 골프를 배우기 시작했다. 정식으로 취미라는 것을 가져보고 나니 내가 그간 워크나 라이프만큼이나 취미라는 것 자체에 집착했다는 것을 알 수 있었다. 어떤 취미를 가져야 할까, 무엇을 해야 할까, 돈은 얼마나 들까, 그 시간에 할 수 있는 다른 일은 얼마나 가치 있을까, 취미로 시작했지만 나중에는 돈이 될 수도 있지 않을까 등 '취미' 하면 떠올릴 수 있는 이 모든 걸 고려하다 그 본질인 즐거움을 놓친 거였다. 지금 내게 취미의 본질은 '가족과 함께하는 시간'이고 취미인 '골프'는 그 시간을 누리기 위한 수단일 뿐이다.

본질과 수단은 취미에만 해당하는 이야기가 아니다.

왜 일할까, 무엇을 하면 편안할까,

언제 행복할까,

그에 대한 답을 찾아가다 보면

일이 포함된 삶에 관한 이야기도 더욱

풍성해질 것이다. 그리고 알게 된다.

워크와 라이프의 균형보다는

좋아하는 일들의 균형을 맞추며

사는 삶도 있을 수 있고,

자신도 그렇게 살고 싶은 사람이라는 것을 말이다.

당신은
나의
에너지충전소다

○

계획이란 없이 매사 즉흥적으로 사는 김짠부에게도 루틴···
까지는 아니고 그 비슷한 게 하나 있다. 짝꿍과 함께 저녁을
먹고 산책을 다녀온 후 샤워를 하고 책상에 앉는다. 노션에 오늘
하루에 관해 쭉 적는다. 어디에 얼마나 왜 돈을 썼는지 간략하게
적고, 오늘 감사했던 것, 영감을 받았던 것도 추가한다. 옆에
있는 책을 펼쳐서 세 페이지라도 읽고 인상 깊은 한 줄을
고른다. 다른 사람이 보면 숫자와 단어 몇 개, 짧은 문장 하나
정도 메모에 불과하지만 이건 팟캐스트 녹음 대본이다. 김짠부

재테크 구독자 중에서도 찐짠이들이 모인 팟캐스트에서 가계부 언박싱도 하고, 나 혼자 아무말 대잔치를 하고, 전날 올렸던 라디오에 달린 댓글을 읽으며 함께 울고 웃으며, 유료 심리상담보다 더 효과적으로 정신건강을 얻고 있다.

'가계부 언박싱'은 김짠부 재테크 채널의 화제성을 담당했던 콘텐츠다. 명품 언박싱하듯 가계부 언박싱을 해보자는 기획 의도에 많은 사람들이 재밌어했다고 믿는다. 그럼에도 더 이상 가계부 언박싱 영상을 올리지 않기로 한 건, 김짠부가 김짠부에게 잡아먹히는 기분이 들었기 때문이다.
프리랜서가 되고 나서는 김짠부가 그렇게 강조하던 예산 짜기가 어려워졌다. 그렇다고 포기한 것도 아니고 짠순이답지 않게 점점 씀씀이가 늘어나는 것은 늘 반성합니다만, 돈 많이 썼다고 이제 김짠부가 아니네, 백화점을 왜 가냐 등 내 정체성을 의심하는 비난을 자주 받았다. 혹여 너무 바쁜 사람이 김짠부 영상 중 돈 많이 쓴 영상만 보고 '요즘 짠순이의 씀씀이는 저 정도인가' 하고 박탈감을 느낄까 봐 걱정도 됐다. 아니, 그래도 내가 부자 되려고 돈 아낀 건데 돈을 위해서 돈을 아끼는 것은 아니지 않나? 내가 나 때문에 검열하는 걸 그만두고 싶었다.

평소와 같이 김짠부다웠을 뿐인데 욕을 많이 들어 힘든 날에도 그랬다. KBS 뉴스에 나가 늘 하던 짠테크 이야기를 했을 뿐이었다. 그 후속 방송과 기사들이 한때 각종 포털 사이트에서 1위를 하며 많은 관심을 받았는데 댓글 중 좋은 내용이 하나도 없었다. 자세히 기억나진 않지만 짠순이가 어쩌고, 유튜브로 돈 벌어서 저쩌고. 포털 사이트에는 원래 좋은 댓글이 하나도 없다고 달래봐도 힘든 건 힘든 거였다.

그 길로 심리상담을 받았는데 내가 진짜 나아지는 데는 팟캐스트의 힘이 컸다. 나중에 알고 보니 말하면서 푸는 심리치료 방법이 있었고 그걸 내가 팟캐스트로 하고 있었다. 심리상담을 받는 이유 중 하나가 내 말만 하려는 거라는데 거기에 비춰봐도 내 말, 그것도 아무 말이나 하는 팟캐스트는 병원이나 다름없었다.

검열할 것도 편집할 것도 없었다. 가계부 언박싱 유튜브 영상을 찍으면 거의 30분이 넘었다. 그걸 편집하는 것도 일이었는데 팟캐스트는 녹음한 것 그대로 그냥 올렸다. 녹음도 쉬웠다.

유튜브에 '팟캐스트 녹음하는 법'을 검색했고, 소리가 잘 들어가 음질이 좋다는 마이크를 하나 구매했다. 거기에 대고 녹음하고 맥북 자체에 깔려 있는 프로그램을 활용해 올리면 끝이었다. TMI 말하는 걸 좋아하니까 다 말하고, 그것도 원테이크로 주욱 말해서 올리고 나니 속도 시원하고 몸도 편했다.

마음도 편했다. 자취 생활을 시작할 때 팟캐스트도 시작했는데, 자취 생활 대부분을 찐짠이들이 일궈준 것이나 다름없었다. 혼자 있으면 더 우울해지는 나라는 걸 알면서도 혼자 있을 수밖에 없던 그때 '짠부 님 괜찮아요' '이렇게 솔직하게 이야기해줘도 괜찮아요'라고 말해주는 사람들의 힘이 너무나 컸다. '긍정적인 김짠부'니까 힘들 때도 텐션 높여서 유튜브 영상을 찍을 때도 있었지만 팟캐스트에서는 우울하면 우울한 대로, 성형하고 싶은 마음이 들 때면 성형하고 싶은 마음에 대해서도, 말하다가 갑자기 울컥해 눈물이 흐르면 흐르는 대로 다 이야기했다. 그래도 되는 곳이 있다는 게 감사했다. 정말 힘든 날엔 구독자 10만보다 여기 모여 있는 10명이 더 값졌다.

나답게 일하다 보면 결국 좋은 면만 포장해서
보여줘야 할 때도 있다. 내가 힘들다고
나쁜 면, 힘든 면도 보여주는 건 상대방에게 예의가
아니고, 내 콘텐츠를 본다는 이유만으로 그 사람이
내 감정까지 견디고 봐줄 의무도 없다고 생각한다.
내 나름의 프로의식이다.
그리고 딱 그만큼이나 숨 쉴 구멍을 만드는 것도
중요하다. 내게 팟캐스트가 그랬듯, 나답게 일하는
사람이라면 꼭 숨 쉴 구멍을 만들어야 한다.
블로그든, 인스타그램이든 꼭 어디에든 풀어놔야
한다. 비공개여도 괜찮다. 다만 꼭 해야 한다.

자신만의 숨구멍으로 숨을 쉬다 보면 뼛속 깊이 느낄 수 있다. 사람은 돈을 벌어야 한다는 사실을 말이다.

팟캐스트 파일을 팟빵에 올리더라도 광고는 받지 않고 있다. 내 목소리 앞에 광고가 나오니까 좀 시끄럽게 느껴졌다. 내 이야기 듣고 싶어서 클릭했는데 갑자기 '대출은~~~!' 하는 목소리를 들으면 찐짠이들의 에너지도 분산될 것 같았다. 괜한 곳에 에너지를 쓰게 한달까. 광고를 받지 않은 채 1년 이상 지금까지 이어오고 있다.

다른 곳에서 돈을 버니까 이곳에서만큼은 안 받아도 된다는 여유 덕분이다. 팟캐스트 하며 받은 에너지로 또 열심히 해서 돈을 벌고 또 팟캐스트용 녹음을 하는 선순환의 흐름에 올라탄 상태다. 나중에 정말 리치그랜마가 되면 팟캐스트만 하고 싶을 정도다.

'경제적 자유를 이뤄도 일하며 살고 싶다'라는 말에서의 일이란 내가 좋아하는 사람들과 함께하기 위한 일이다. 우리 각자 그때를 위한 자신만의 일 일의 의미를 찾아야 할 것이다.

나여서
할 수 있는 말은
언제나 꼭 있다

○

틀렸다는 사실이 명백하고 오래되기까지 했는데

때 되면 일부러 떠올리는 실험 하나가 있다. 바로 마시멜로

실험이다. 1972년 스탠퍼드 대학의 심리학자 월터 미셸 교수가

600명의 3~5세 아이들을 대상으로 한 실험이다. 아이에게

마시멜로 하나를 주고 15분 동안 먹지 않으면 하나를 더

주겠다고 약속한 뒤 아이가 기다리지 못하고 먹는지, 끝까지

참아내는지 관찰한 실험이다. 15년 후에 끝까지 참아낸

아이들을 찾아가 보니 성공적인 삶을 살고 있었고, 참아내지

못한 아이들은 유혹에 잘 흔들리는 어른이 되었다는 그런 이야기다. 그리고 그보다 더 시간이 지난 후 알려졌듯 이 실험은 틀렸다. 인내심이 강해 15분을 기다리고 15년 후에 성공적인 삶을 살았다던 그 아이들은 애초에 중산층 이상의 환경을 누린 아이들이었다. 기다리면 먹을 수 있다는 것을 이미 경험해본 아이들.

인내심, 성공(혹은 돈), 환경, 경험. 마시멜로 실험을 관통하는 이 네 가지 키워드는 김짠부의 삶을 관통하는 중요한 것들이다. 인내심을 발휘해 아끼고 모으며 좋은 경험에 투자해 성공하고 싶고, 좋은 사람 곁에서 나도 좋은 사람이 되기 위해 노력하는 환경을 만들면서도, 다른 환경이 있다는 걸 잊지 않아야 하기 때문이다. 각종 재단이나 기업이 운영하는 문화사업의 일환으로 저소득층 아이들을 대상으로 강연을 하고서야 '다른 환경'의 진짜 의미를 깨달았다. 분명히 짚고 넘어갈 것은 '그들이 돈이 없어서 불쌍하다' '더 좋은 사회를 위해 노력해야지'라는 류의 '착한 어른' 흉내를 내자는 게 아니다.

내가 아는 것도 전부는 아니겠지만, 우리가 흔히 상상하는 저소득층에 대한 이미지도 일부일 뿐이다. 요즘 세상에 스마트폰 없는 애들이 있다고? 있다. 근데 스마트폰 없는 그들도 커피는 마실 수도 있다. 반대로 스마트폰은 있지만 점심을 굶을 수도 있다. 스타벅스를 가는 아이가 있는가 하면 1500원짜리 커피를 마시는 아이도 있다.

편차가 심한 데에는 여러 이유가 있을 것이다. 태블릿PC만 하더라도 불과 몇 년 전까지는 부모님이 사줄 수 있는 아이들만 가질 수 있었을 테다. 하지만 요즘은 나라에서 적극적으로 지원해준다. 팬데믹으로 비대면 수업이 많아져 결국 필수품이 된 것이다. 국가나 지자체에서 지원하는 범위, 기업이 자선사업 측면에서 지원하는 범위 등에 따라 저소득층 아이들도 각기 다른 모습을 하고 있는 것일지도 모른다.

편의상 한 단어로 부르긴 하지만 그들은 모두 다르다. 각기 다른 만큼 적재적소에 정말 필요한 것을 주고, 말해주고, 서로 격려하면, 각자 다른 자신의 삶을 살 수 있을 것이다. 정말 운이 좋고, 감사하게도 다른 누구도 아닌 지금의 김짠부여서 그들 앞에 서곤 했다. 나를 강연에 초대한 관계자 중 한 분은 이렇게 말했다. "그간 커피값 아끼라고 말하기 어려웠는데, 짠부 님이 말해주니까 낫네요. 앞으로 짠부 님 말하면서 잔소리 편히 하겠어요." 커피값 아끼라는 그 흔한 말도 조심스러워 이리저리 고민했을 선생님의 마음이 존경스러워서, 김짠부가 말해서 곡해 없이 받아들이고 실천해줄(실천하고 있겠지?!) 아이들이 고마워서 울컥했다. 그리고 내가 아직 젊어서 그들과 동시대 사람으로 묶일 수 있고, 부자가 아니고 여전히 짠테크를 하는 사람이기에 다행이라고 생각했다. 5년? 10년? 20년? 부자가 된 김짠부가 말한다면 그 친구들에게 '커피값 아끼라'는 짠소리가 지금보다 덜 가닿지 않을까. 그때는 그때라서 할 수 있는 생각을 하고, 또 다른 인내심을 발휘하고, 경험하며 환경을 만들 것이고, 그때의 내가 필요한 또 다른 환경에 가서 수다 떨고 싶다.

내가 만든 환경에서 나답게 살아가는 내가
다른 환경에서도 나다울 수 있는지
그곳에서도 나답다는 게 뭔지
그걸 알고 할 수 있어야
진짜 나다운 것 아닐까.

스물셋에는 〈스물셋〉, 스물다섯 살에는 〈팔레트〉, 스물여덟
살에는 〈에잇〉, 스물아홉 살에는 〈라일락〉까지 나이별로 노래를
만들어 부른 아이유 님이 방송에 나와 이런 이야기를 한 적
있다. "제 곡을 제가 작사하다 보니까 주제가 사실 많지 않아요.
근데 나이는 매년 달라지잖아요. 그 나이대마다 제가 달라지더
라고요. 열여덟 살의 제가 다르고 스무 살의 저도 다르고,
작년만 해도 지금이랑 다르고. 오래 활동할 계획이라 재밌는
기록이 될 것 같더라고요. 팬분들이나 저도 노래로 그때의 나와
너를 기억할 수 있고요. 어릴 때는 자기혐오도 있었고, 20대
초반에는 스스로를 사랑할 수 없었어요. 그러다 스물다섯 살 때,
〈팔레트〉에서 '이제 나를 좀 알 것 같아'라고 말했어요. 나에게
더 실망할 것도, 스스로 놀라거나 새로울 것도 없이 받아들이게
됐어요. 부족한 것은 부족한 대로 좋은 점은 좋은 점대로." 제가
감히 아이유 님과 동일시한 건 아니고요! 오해입니다!

부족하면 부족한 대로 좋은 점은 좋은 점대로
나를 받아들이는 것, 노래든 유튜브든 블로그든
기록해서 남들과 공유하며
서로의 그때를 기억해주는 것.
그리고 지금의 우리를 서로 격려하는 것까지,
같이하자는 이야기다.
나에게는 당신의 이야기가 필요하다.

더 버는 김짠부의
비공개 포스팅

_ 경제적 자유로 향하는 열 개의 질문

유튜브 어떻게 시작해?

퇴사하고 내 일 시작해도 될까?

회사 다니면서 뭘 더 할 수 있어?

스마트스토어 할까?

인스타그램 열심히 해볼까?

다 유행 지났고 메타버스로 가야 해?

○

무엇을 해야 할지 고민될 때마다

누구나 '더 나은 것'을 갖고 있다. 난 유튜브를 시작하기 전에 세상
모든 사람들이 가계부를 쓰는 줄 알았다. 그러다 가계부는 어떻게
쓰는 거냐고 묻는 친구들을 보며 충격 받고, 그게 그들보다 내가
좀 더 나은 것이라는 걸 알곤 신기했다. 한편으론 익숙했다. '이건
이 친구한테 물어봐야겠다' 하는 게 있기 마련이고, 우리는 모두
누군가에게 그런 사람이기 마련이니까. 남들도 다 안다고
생각하지 않아야 한다. 주변 친구들이 내게 물어보는 것, 내가
알려줄 수 있는, 알려주기 편한 도구로, 언제나 딱 그 지점에서

시작하면 된다.

좋아하는 것? 빵, 치킨도 괜찮다. 대단하려고 하지 말고

편안하려고 해야 한다. 사람들은 이걸로 얼마 벌 수 있냐, 어떻게

벌 수 있냐고부터 묻지만, 방법은 조금만 찾아봐도 다 나온다.

친한 친구가 그렇게 묻는다면 그 방법을 알려줄 수도 있고,

친구가 원한다면 다 연결해줄 수도 있다. 하지만 진짜 친구라서,

더 중요한 걸 말한다. 네가 뭐 할 때 행복한지 알고 있어야 해.

어떨 때 잘 쉬니. 취미는 있니. 돈 많이 버는 친구 말고 행복한

친구의 모습이 보고 싶다.

유튜브 구독자수 몇 명 되면 퇴사해도 돼?

구독자수 늘리려면 뭘 더 해야 해?

이것저것 벌여놓은 게 많은 걸까?

언제까지 무반응을 견뎌야 할까?

지칠 때는 어떻게 이겨냈어?

○

새로운 일을 시작할 때마다

영상이나 이미지, 음성 등 콘텐츠를 억지로 보는 사람은 없다.

그만한 이유가 있으니 보는 거다. 누군가는 조용한 것을 좋아할

수도 있고, 누군가는 시끄럽고 신나는 것을 좋아할 수도 있다.

자신의 주파수에 맞는 그 콘텐츠, 그 콘텐츠를 만드는 사람을

좋아한다. 좋아하는 데 맞고 틀림이 없는 것처럼 좋아하는

이유에도 맞고 틀림이 없다. 정답보다는 솔직하고 나다운 이유를

찾으면 내가 할 수 있는 콘텐츠, 나만의 기준을 찾을 수 있다.

그 과정이 힘들기도 하겠지만 최대한 즐거웠으면 좋겠다.

어떤 사람을 좋아해?
어떤 콘텐츠를 좋아해?

예전에는 '힘들 수 있지, 그래도 가야 해. 달려야 해. 지금 여기서 멈추거나 넘어지면 안 돼'라고 말했다. 나 스스로에게도 그랬다. 제대로 자리 잡지도 못했는데 번아웃 온다고? 구독자 몇 명까지만, 팔로워 몇 명까지만, 내 집 마련을 할 때까지만… 여러 핑계를 대면서 마구 달린 덕분에 지금의 내가 있는 건지도 모르지만, 그러지 않아도 나는 나였을 거다. 모든 게 행복하자고 하는 일이다. 어느 순간도 언제 올지 모르는 시간에 저당 잡히지 않아야 한다. 다른 사람들이 내 콘텐츠를 보고 즐거워하는 만큼, 그 과정도 내게 즐거워야 한다. 내가 좋아하는 것을 보면서.

수많은 콘텐츠 중 내 것을 본다는 보장이 있어?

내가 하려는 걸 하는 사람이 이미 있는데?

다른 사람과 내가 다른 게 있을까?

사람들이 내 영상을, 나를 진짜 좋아하기는 하는 걸까?

○

사람들 때문에 혼란스러울 때마다

불특정 다수에게 열려 있는 세상이라고 해서 불특정 다수의
목소리에 휘둘릴 필요는 없다. 나만의 놀이터를 만들고 그
놀이터에 어떤 사람을 불러서 놀고 싶은지부터 생각하면 쉽다.
다이어리 꾸미기를 좋아한다면 다꾸 놀이터를 만들어서
다꾸족을 불러 모으고, 음악을 좋아한다면 음악 놀이터를
만들어서 서로의 인생곡을 공유하는 것이다.
놀이터 사용설명서는 내 놀이터에 어울리는 최소한의 시설물,
즉 콘텐츠다. 다꾸족의 놀이터 중에서도 스티커를 집중적으로

놀이터를 만든다면 어떤 사람들이 왔으면 좋겠어?

그 놀이터의 이름은 뭐야?

그 놀이터의 사용설명서도 있어?

활용하는 놀이터, 손글씨 매력이 듬뿍 담긴 놀이터로 나눌 수 있고, 음악 놀이터도 클럽, 재즈, 케이팝 등 주 장르로 나눌 수 있다. 정글짐이 메인인 놀이터, 미끄럼틀이 메인인 놀이터가 다르듯 내 놀이터의 대표적인 주제, 놀거리를 보여주면 된다. 내 놀이터의 이름이 곧 닉네임 혹은 채널명이고, 내 놀이터에 놀러 오는 사람이 곧 타깃이다. 내 놀이터의 이름을 보고 놀러 와서, 그곳에서 만난 다른 사람들과도 놀고 싶어 하는 사람들, 놀이터 밖에 있지만 함께 와서 놀면 좋아할 만한 사람을 떠올리는 사람, 그런 사람들의 이야기를 들어야 한다.

광고비는 얼마나 받아야 할까?

강의하는데 사람들 반응이 싸하면 어떻게 해?

회사가 협업하자는데 하는 게 좋을까?

댓글에 욕이 너무 많은데 괜찮을 걸까?

벌여놓은 일들 다 해낼 수 있을까?

○

지금보다 좀 더 성장하고 싶을 때마다

자신이 보기에 잘하는 사람의 채널에 가서 조회수 많은 것부터
쭉 보면서 벤치마킹을 해야 한다. 따라 하라는 게 아니다. 따라
하려 해도 할 수도 없다. 자신의 목표에 어울리는 콘텐츠를 보며
좋은 점을 적극적으로 흉내내되, '내가' 생각하기에 사람들이
궁금해하는 걸 전하는 것이다. 정보를 잘 전달하는지 위로나
격려를 잘하는지, 이는 자신의 가치를 찾는 일이기도 하다. 광고를
받는 대신 직접 제안서를 써보며 자신은 어느 정도의 규모와
비용까지 감당할 수 있는지 가늠하고, 그걸 기준으로 삼아야 한다.

네가 하려는 주제에서 가장 잘하고 있는 사람은 누구야?
광고를 받는다면 어떤 광고가 가장 적합할 것 같아?
사람들에게 줄 수 있는 것은 뭐야?

결국 인기와 돈 중에 선택해야 할 때가 온다. 인기는
영향력이라고도 말하는데 단어가 가진 무게감, 해야 할 일의 정도
차이지 할 일은 비슷하다. 포트폴리오 짜서 사람들에게 보여주고,
사람들 만나러 다니고, 자신이 뭘 이루고 싶은지, 사람들에게
어떤 가치를 전하고 싶은지 알리는 일이다. 인기든 영향력이든
내가 사람들에게 크고 작은 변화나 영향을 끼친다는 사실은
변하지 않는다. 내가 감당할 수 있는 만큼, 조금씩 나의 영향력을
키우고 다지는 만큼 더 많은 걸 누리는 내가 될 수 있다.

언제까지 일할 수 있을까?

경쟁자들 사이에서 살아남을 수 있을까?

더 이상 보여줄 게 없으면 어떻게 하지?

여기서 뭘 더 할 수 있을까?

○

미래가 걱정될 때마다

지금까지 잘해온 것 같은데 미래가 걱정된다는 건 세상의 변화에
빠르게 반응하고 있는 것이라고 믿는다. 단순한 성장을 넘어
더 나은 나로 거듭날 이때에도 나로부터 출발해 사람들을
향한다는 본질은 같다. 다른 점은 좀 더 깊이 사람들 사이로
들어간다는 것 아닐까.

아무리 돈으로 시작해도 사람은 결국 자신의 영향력이 필요한
곳으로 간다고 생각한다. 돈은 살아 있지 않아서 재미가 없기
때문이다. 달까지 간다, 우주로 간다는 말도 단순히 개인의
욕심이 아니라 돈을 넘어 어떤 방향을 제시하는 것이라고
생각한다. 그것도 결국 영향력이다.

서로가 서로에게 영향을 끼치며 나아간다고 생각한다. 서로가
좋은 영향을 주고받으려면 나도 나답게, 그만한 사람이 되어야
한다. 그리고 그렇게 되고 싶다는 소망이다. 지금의 나를 만든 이
열 개의 질문을 잊지 않는 이상, 언제 어디서든 나답게 할 수
있다는 믿음이다.

뭘 좋아해?

친구들이랑 밤새 떠들 수 있는 주제는 뭐야?

어떤 사람을 좋아해?

어떤 콘텐츠를 좋아해?

놀이터를 만든다면 어떤 사람들이 왔으면 좋겠어?

그 놀이터의 이름은 뭐야?

그 놀이터의 사용설명서도 있어?

네가 하려는 주제에서 가장 잘하고 있는 사람은 누구야?

광고를 받는다면 어떤 광고가 가장 적합할 것 같아?

네가 사람들에게 줄 수 있는 것은 뭐야?